JN438099

양휘승 시인이 태안반도의 落照를 보며

양휘승 시인이 낙조를 바라보며

양휘승 황혼 敍事詩

아름다운 落照여

만청 양휘승 제2시집

을지출판공사

■ 자서

여유 있고 풍요로운 이상 실현코자

흘러만 가는 세월 어쩔 수 없이 나이만 저물어 가니 병이 들어 두문불출로 갇혀 있는 지도 오랜 기간이 되었고 지루한 무료함을 달래기 위해서 시간 가는 대로 되는 대로 부담없이 나의 落日人生을 장악해 본다는 의미에서 서투른 글 솜씨나마 서사조로 照明해 보았다.

사람마다 자기 晩年을 黃昏의 落照처럼 멋있고 장엄하고 아름답게 장식하고 싶은 욕망 있지만 그게 그리 쉬운 과제는 아니다. 생각만 간절해도 희망이라도 가져 보자는 소망에서 젊어서는 분주하게 호구지책에 매달려 여념이 없었지만 늙어서는 정신세계나마 여유 있고 풍요로운 理想 실현코자 하였지만 뜻하지 않은 병마의 장애물이 이마저 방해하니 숙명을 어찌하랴!

포기하고 그냥 가기에는 너무 억울해 어설픈 시집 2集을 내게 되었다. 글을 잘 쓴 사람은 잘 쓴 대로 서툰 사람은 서투른 대로 써서 자신의 역량과 분수대로 무엇인가 기념으로 남기고 간다는 차원에서 나는 글 재주는 없지만 붓 가는 대로 자유롭게 내가 그동안 보고 느끼고 생각했던 바를 서툴지만 지상에 표현해 보았다.

시에 연조가 없어 시를 어떻게 써야 한다는 상식은 알지만 실력이 모자란 나에게는 마음대로 쓸 수 없는 게 시이다. 그렇다고 계제 갖추고 쓰려고 하면 나는 이미 때가 늦다. 글자 한 자 못 써보고 억울하게 가느니 보다는 무엇인가 써 보겠다는 만용이 이나마 책을 낸 동기가 된 셈이다.

별무가치한 글이라도 오랜 세월이 흐르면 구분용약(狗糞用藥)이 될 수도 있다는 일루의 희망을 가져 보기도 한다. 아무쪼록 읽는 이의 양해를 구하는 바이다.

끝으로 이 시집에 나오기까지 물심양면으로 협조를 해 주신 을지출판공사 윤해규 사장님께 심심한 감사를 표하는 바이다.

2011년 가을에
창동 우거에서
양 휘 승 서

제 3 장 삶의 價値

제 4 장 추억의 메아리

제 **7** 장 落照와 나들이

제 1 장　自然의 고마움

늦게나마 하고픈 독학의 길에도
걸림돌에 치어 10여 년의 두문불출 신세
무심(無心)히 보낼 수 없어 누워서 마비되고
굳어진 손 훈련시켜 끼적거려 본 세월에
무료함을 달래본 몇 권의 책이 되었지만
역시 실력에 미달한 졸필에 불과했네

2. 슬픔 없는 길

슬프다는 것은 무엇인가 나에게
돌발적 사건이 몰아 닥치거나 기대와 바람이
미치지 못할 때 슬픔은 찾아오는 것
욕망이 채워지지 않고 메워지지 않을 때
슬픔은 마음을 울리고 괴롭히지만
시간이 흐르고 욕심을 줄이면 자연히 사라지는 씨앗

탐내고 막연한 동경심을 포기하면
연민의 정도 생겨나지 않고
절름발이는 그대로 살아가는 게 안일한데
멀쩡한 다리와 경주를 한들 결과는
슬픔과 눈물의 패배가 기다릴 뿐인데
정면 대결 피하고 우회하는 분수를 챙김이

허상을 버린 분수와 삶은 홀가분하고
가볍기는 하지만 슬픔 없이 사는 길 자초하는 일
늦기는 하지만 이제라도 떳떳한 삶의 길
안빈낙도 택한 길 슬픔을 면한 길
늙어 분수 지켜 안일 택함이
슬프지 않는 길이 훤히 바라보이네

먼 길을 걸어가는 나그네도
종착지 향해 터벅터벅 걸어가는 여정에는
산을 넘으면 태산이요
개울을 건너면 강이 기다리고 있는데
혼자서만 달려가는 종착지는 한 곳뿐
빠르고 늦음을 원하면 슬픈 길만 보이네

3. 시원한 가을바람

스산한 가을바람 불어오면
창공에 낙엽이 외로이 휘날리고
시원한 가을은 무르익어 가는데
감나무에 감들은 빨갛게 옷을 갈아입고
들녘에 누런 벼도 고개 숙여 인사하면
사람들 손 애타게 기다리는 가을 풍경

여름 내내 비지땀 흘려 가꾼 오곡백과
풍요롭게 익어가면 만면에 미소 띤 농부의 얼굴
마음으로 보상 받은 감사함을
한가위 때 조상님께 정성들여 차례 올리고
내년에도 풍년 들게 해달라는 기원
하느님께 비는 소원 경건도 하여라

늦가을 하얀 서리 온누리에 내리면
사철나무와 송죽을 제외한 모든 나무들
울긋불긋 옷을 갈아입고 만산에 단풍으로
물들이다가 나목이 되기 위해 한잎 두잎 소리없이
눈물방울 떨어뜨리며 내년 봄을 기다리는
앙상한 나목의 모습 가을철과 무상함일세

가을이면 시원한 바람 불어올 때면
기분도 맑아져 글 쓰는데 도움도 주고
나무들은 추위를 인내하고 극복하는 동면을
준비하는 쓸쓸한 가을 풍경에
풍요 뒤에 따르는 하나의 섭리가
청청하고 맑은 가을, 가을 하늘에 무심히 떠오르네

4. 화사하게 꽃이 피면

만산에 진달래가 만개하면
봄은 무르익어 새들도 숲 속에서 하모니를 이루고
나무들 기지개를 켜고 잎새와 꽃봉오리 터뜨리며
개나리, 매화, 살구, 목련도 차례를 다투어
아름다운 자태 선보이며 제각기 뽐내보이면
봄은 한참 제 모습을 찾아가고 있네

겨울 내내 움츠렸던 모든 생물들도
따뜻하고 화사한 봄바람에 마음도 해빙되어
활달한 동작으로 제 몫을 서둘러 가서
민첩하고 부지런히 순서대로 나무들이
옷을 입기 시작하여 푸르른 녹음으로 변해가서
신록이 우거진 자연의 모습이 눈부시네

우리가 어린 시절에 봄이 오면 동네 안 젊은 청춘
처녀들 나물바구니 들고 들에 나가 나물을 캐고
총각들은 지겟목발 두들기면서 먼 산 나무 가서
산어귀부터 만개된 진달래꽃에 눈이 팔리고
흥취되어 누군가 부르는 구성진 남도창에
모든 나무꾼 지겟목발 두들기며 장단맞추고

어깨춤 덩실덩실 나도 모르게 흥에 맞춰서
아리아리랑 스리스리랑 아라리가 났네. 응, 응
지금은 흔적도 사라진 옛 낭만의 풍조들
애달픈 추억의 화사한 봄날의 꽃동산
순박한 농촌 초군들의 정서가 눈에 선하고
화사한 봄날의 꽃과 함께 환상에서 사라진다

5. 백설이 분분이 내릴 때

매서운 북풍한설 몰아칠 때면
산에는 하얀 모자 들에는 하얀 이불 깔고
산과 들은 온통 은세계를 이루고
원기 왕성한 철부지 꼬마들
신나게 뛰놀며 눈사람 만들고
강아지도 덩달아 즐거워 뒤따라 뛰노네

백설은 원래 순결과 평화로움을 상징하고
온 백성에게 깨끗한 마음과 결백을 심어줘
온 누리 곳곳에 청백을 뿌려 주는
평화롭고 깨끗한 마음 심어 주건만
눈을 볼 수 없는 중동(中東)의 한쪽에서는 언제나
전운만 감돌고 있으니 백설구름 언제나 바라볼 수 있을까

그 옛날 모세가 자기 백성 거느리고
이집트를 탈출하여 시나이광야를 헤매일 때
하늘에서 눈 같은 만나를 내려주시어 그것으로
온 이스라엘 백성들 연명했다는 구약의 말씀
지금도 영험으로 굶주린 아프리카 백성들에게
식량을 눈처럼 내려주셨으면 얼마나 좋을까!

내가 아주 어린 시절 눈 내리는 밤이면
촉 낮은 전등불 아래서 누나가 들려주는 밤
슬픈 이야기 책에 팔려 두 눈에서는 달기똥 같은
눈물을 떨어뜨리고 입술을 씰룩거리며 울음을
참는 모습이 귀엽다고 슬픈 사연만 반복해서
읽어 주신 추억들도 이제는 빛바랜 전설이 되고
우리 누나 작년까지도 멀쩡하셨는에 어느 날
갑자기 정신을 잃어 치매가 침범하고 말을 못하시니
九十望九 무상함에 눈 내리는 옛날 밤의 전설이 애닯구나

6. 땀 흘리는 더위

한증막이나 사우나에 가지 않아도
태양이 이글거려 내리쪼이면
저절로 땀구멍이 터져 줄줄 흐리게 되니
땀 흘릴 수 있는 여름계절 잘 이용하면
생산에도 도움 주고 사우나도 할 수 있으니
이것이 일거양득 자연을 이용한 덕이 아닐까

여름철에는 젊은 청춘들 얼굴이 두꺼워져
가릴 곳만 가리고 반나체가 되어 해수욕장
모래판을 활개 치는 모습 육체미 자랑도 좋지만
동양 미덕 없애는 것이 현대인인 양 과시하고
희망 잃은 노숙자들은 한때나마 등을 펴고
잠자리에 들 수 있으니 여름철이 겨울보다 낫다

따가운 햇볕이 내리쪼이면
숲 속에 나무들도 더욱 엽록소를 저장하여
모든 곡식들과 열매도 알알이 토실토실
살찌우고 영글어져 사람의 땀과 손을
기다리며 더위를 머금고 자라고 있는 여름철
이러한 식물에 여름이 없다면 인류는 멸망해

힘이 든 농민들도 여름철이 있기에
곡식을 가꾸고 땀 흘린 보상 아래서
풍요로운 기대를 보람으로 여기고 가을을
기다리는 느긋한 여유가 행복으로
이어지는 여름철의 한때가 아닌가!
메마른 도시의 여름보다 자연이 숨쉬는 농촌이 으뜸

7. 흙의 무궁한 위력

보석보다 더 소중한 흙이 있기에
모든 식물 육성이 되어 생물들이
목숨을 이어가며 보존할 수 있는 땅
사람들은 흙 위를 걸어다니고
짐승들은 기어다니는 고마운 땅
이 세상에 흙이 없었다면 나도 존재할 수 없어

광활한 우주에 미세한 별 하나
하느님께서 맨 처음으로 선택하며
생물들을 위해 흙과 물을 만들어 주시고
태양의 작용을 명하니 생물들이 생존하고
땅에서 소출되는 식물과 약초로 목숨을
이어가서 오늘의 인류 역사가 생겨난 것이다

땅에서 온갖 희한한 맛을 제조해 낼 수 있어
단맛 쓴맛 독한 맛 맵고 짜고 시고 떫은 맛을
식물별로 골고루 분배시켜 주는 땅은 마술사
아름답고 화려한 꽃을 만들어내고 향기까지
만들어내니 흙은 만능의 요술쟁이
이러한 자연의 오묘함이 없다면 한시도 살 수 없어

신통한 기능을 지닌 흙은 사특하지 않고
겸손하며 정직을 일편단심 천성으로 삼으며
자연에 순종하고 사람을 기만하지 않는 천성
길이길이 사람을 위해 봉사하는 고마운 흙
교만이나 위선을 모르는 정직 그대로의 땅이지만
이를 모르고 살아간 사람 얼마나 많을까!

8. 어진 사람들이 좋아한 산

태초에 땅 속에 불덩이 있어 이가 폭발하여
높고 낮은 곳 생겨나 높은 곳은 산이 되고
낮은 곳은 바다 되어 물이 고이고 중간이 땅이 되어
들이 되고 산기슭은 주택 지어 사람이 기거하니
들판은 인간이 살아가는 식량의 터전이 되니
인류의 보금자리 만들어져 지금을 이어왔네

산에는 나무들이 생겨나 숲을 이루고
산에 나무들 제각기 나쁜 공기 흡수해서
산소를 토해 내어 사람의 호흡을 맑게 하고
몸을 다스리는 도인과 신선을 불러들여
옛날부터 지자(智者)와 인자(仁者)를 길러내는 산
심산유곡일수록 물 맑고 산 깊어 도인들의 터

심신을 연마하는데 적소로 선택한 산
산에는 각종 산짐승들 사람의 횡포 피해
산으로 피난 와서 약육강식을 방어하며
소중하게 살아가는 짐승들의 생의 요새
지자와 인자는 이들과도 벗 삼아 융화하는데
강자의 횡포가 어찌 두렵겠는가

산은 언제나 건전하고 착한 사람을 부르고
건강을 소중하게 여긴 자의 편에 서서
극기와 연마와 훈련을 단련시켜 준 명산들
옛날부터 속세를 떠난 불제자들이 산사를 지어
도를 닦아 무아와 무소유를 연마했던 산들
산에 대한 고마움이 자연을 사랑하는 마음 되고

9. 유유히 흐르는 한강물

강원도와 충청도의 산악에서 시작한 한강은
양수리에서 합류하여 7백 년의 도읍지
서울을 지켜보며 도도히 서해로 빠져
나간 한강물 백성의 숱한 애환을 지켜보며
나라의 흥망성쇠와 희비애락을 빠짐없이
간직하고 말없이 흘러가 버린 역사의 강 한강물

큼직큼직한 전화에 쌓인 한 서린 비극들도
근대화를 이룬 한강의 기적도 너는 이 사연들을
빠짐없이 기억하고 모래 속에 새겼으리라
그리고 한강이 없어질 때까지 역사에 증언할 것이다
이 모든 영고성쇠를 빠짐없이 체험하고도
물로 씻어 희석시켜 흘러내려 보낸 한강물

남북 서울의 중심을 동서로 흐르는 한강물은
백 리의 길 양편에 두고 흐르고 독일 라인강처럼
폭 넓혀 유람선이 오가는 낭만도 자아내지만
유적 고적 고풍스런 풍경 부족한 게 흠이지만
짧은 기적의 역사로 아쉬운 안목 달래고
한강의 유서 깊은 흐름 영구히 살려 나가세

한반도의 허리를 가로질러 반만년의 역사를
유유히 흘렀던 한강은 그동안 인류 부족(部族)의
젖줄이 되어 무수한 세월의 흔적을 간직한 채
갖가지 애락의 사연을 서해의 뻘속에 숨기고서
무심한 강물만 바다를 메꾸어 일렁이는데
한강이 겪은 역사 천만년이 흘러도 지워지지 않으리

10. 망망한 넓은 바다

우리는 일찍이 망망대해를 몰랐기에
치욕을 당하고 가난을 면치 못한 나라로
백성들이 갇혀서 우물안 개구리 되어
수구를 지키며 공자왈, 맹자왈밖에 몰랐으니
고초를 당한 것은 힘없는 민초들 뿐이었으니
조상들의 편협했던 식견이 나라를 망쳤다네

영국과 일본은 넓은 대양을 미리 알았기에
나라는 작지만 세계를 누비고 부국이 되어
패권을 누린 것도 용감히 바다에 도전한 덕
서양과 동양에서 약소국가를 유린한 것도
바다를 미리 정복했기에 가능했고 스페인이
남미 대륙을 통째로 정복한 것도 바다를 알았기에

지구는 바다가 있기에 물의 균형과 조절이
가능하고 대륙과 대륙을 연결해 주고 5~60년 전에는
바다가 나라와 나라를 이어주는 유일한 교통 통로
바다는 사람에게 유익한 고마운 존재
사람에게 가지각색의 생선으로 먹거리를 제공하고
우리는 바다를 몰랐기에 후진국에 머물러 있었다네

우리는 이제야 바다를 알게 되어 5대양 6대주를 누비며
경제 도약으로 물건을 실어가고 실어오는 바다의 역할
바다가 없으면 장사도 할 수 없으니
바다는 경제개발에 견인차가 되니
배를 많이 이용한 나라가 현세의 부국이 되고
우리는 장보고와 이순신을 길이 받들어 나가자

11. 꽃이 있는 세상은 삭막하지 않다

꽃은 누구나 예뻐하고 사랑하기에 매력을 가지고
슬프거나 즐거울 때나 꽃은 마음을 대변하고
위로와 기쁨을 나누어 아름다운 진의를 전하는 마음
예로부터 꽃은 사랑을 전달하는 화신이기에
사랑을 진정으로 표시할 때는 꽃을 앞세워
예식장 문앞에는 화환이 도열하고 있다네

꽃이 만발한 곳에는 삭막하지 않고
꽃의 향기에 매혹되어 불쾌감도 사라져
꽃마다 독특한 개성 있어 마음을 현혹시키니
슬플 때나 괴로울 때나 꽃을 바라보고 있으면
처량한 가슴 누그러져 위안이 되고
아름다운 자태와 기교가 마음을 사로잡네

꽃을 사랑하는 마음도 가지가지이고
나라마다 꽃을 선호하는 특징이 달라서
상징성 내세워 국위를 선양하고
꽃의 아름다움으로 나라를 상징하는 기준을 삼아
꽃의 위치 돋보이고 화사하게도 보이지만
우리나라 꽃 무궁화는 은은하고 아름답기도 하구나

사람마다 꽃 중에 꽃을 찾아 선호하지만
나는 그중에도 매화꽃이 제일 좋아
북풍한설 겨울 내내 이겨내고 눈 속에서도
빵긋 웃고 다소곳이 피어나는 그 투지가
더욱 마음에 들어 꽃 중에 꽃으로 선정하고
화사하게 피어나는 꽃들을 대신해 보네

12. 푸른 하늘 우러러 봄

하늘을 우러러 한 점 부끄럼 없다는데
그 사람 얼마나 정직하고 양심 바른가!
하늘의 어느 지점을 겨냥하고 부르짖는 맹세인지
푸르고 광활한 무한대의 하늘 가깝게는
지척에 하늘이 될 수도 있고 멀리는 끝도 갓도 없는
주변의 하늘을 우러르며 맹세를 누가 보증할까?

멀리 쳐다보고 바라보는 하늘이지만
광활한 우주공간 푸르게만 보이는 이유는
물이 무색이지만 많이 보이면 푸르게 보이듯
하늘도 지척에서 보면 무색으로 푸르지 않다네
무한 공간이 하늘이라면 우리가 다니는 길 위에는
모두가 하늘의 개념인데 사람들은 착각을 하네

하늘 가까이는 나비와 벌이 날으고
그 위는 새들이 날아 먹이를 찾아 이동하고
그 위에는 비행기가 날아서 사람을 운반하고
또 그 위는 인공위성이 떠다니며 정보를 수집하고
층층으로 하늘을 날아 지구와 달과 해도
하늘 공간을 떠다니며 별들과 공존하고 있네

하늘의 대천평선(大天平線)에는 헤아릴 수 없는
수많은 별들이 떠 있음을 밤하늘을 통해서
반짝임을 볼 수 있고 우주의 황홀한 신비
만끽하면서 이 하늘 우러러 보기
나 홀로 간직하기 너무나 벅차 불가사의한
수수께끼 하느님께 일임하고 하늘을 바라본다

13. 보이지 않는 공기

보이지 않는 공기를 호흡하지 않으면
한시도 살 수 없는 인간인데
지구 어느 곳이나 깔려 있기에 그 고마움을
의식하지 않고 살아가는 인간들은
행복한가 불행한가 알 수 없지만
공기 없는 세상 상상만 해도 아찔해

아무런 무색무취한 공기를 마시며
자연이 준 무한 혜택으로 살아감을
하느님께 감사한 마음이 생활의 신앙이 될 때
우리에게 무상으로 공급해 주는 자연의 힘에
보답함을 뉘라서 부인하고 모른 척하겠는가
이러한 감사한 마음이 겸허하고 행복의 길이네

지구 밖을 조금만 벗어나도 공기가 없어
인공으로 공급받아야 활동을 할 수 있으니
아무런 대가 없이 지구상에 우리들 공기를
호흡하면서 활동을 자유롭게 하면서
일말의 양심도 없이 아무런 의식없이
누군가에 고마움 느끼지 못함은 부끄러움이다

이래서 하느님과 자연은 일체(一體)인 셈인데
옛부터 우리 조상들 무신론자이지만
불의에 처한 일 목도하며 하늘이 두렵지
않느냐며 꾸중을 하고 벌을 내릴 것을
두려워하며 위난에 처했을 때는 나도 모르게
하느님 나 살려달라고 애원을 했지 않는가

14. 태양의 열관리

태양이 내리쪼이는 곳에는
모든 생명이 서식할 수 있으니 태양의
고마움을 온 누리를 덮고 만물에 따사로움
감싸주는 태양열 혜택 받고 남은 여유 있는
무진장한 잉여 태양열 연구하여 관리하면
인류복지에 무궁한 혜택 돌아오건만

아직까지 에너지원 고갈되지 않았기에
값싼 에너지원 소홀히 여기고 손쉬운 비싼
에너지만 급여하고 있으니 국민생활이
핍박당하고 그나마 값싼 원전에너지도
체르노빌과 후쿠오카의 방사능 유출사고가
세계인을 공포로 몰아넣어 건설을 기피하고

미래의 에너지원 수소에너지 연구는
아직은 걸음마 단계이고 국가 백년대계를
위해서는 지금도 실용가치가 있는 태양열
열관리에 주력을 하여 대대적인 연구를
거듭거듭하여 태양열 왕국이 될 때 우리는
선진국 되어 서민들이 발벗고 태평가를 부르겠지

공해 없는 태양열 에너지 연구를 거듭하면
무진장 생산할 수 있으니 인류 안락과
복지 위해 지금부터 준비를 서두르면 우리 같은
자원 부족한 나라에도 서광이 빛나건만
미래를 내다본 실력자가 출현되기를
우리 민초들은 손모아 기원을 할 뿐이다

제 2 장　人間之事

1. 사람이란 자부심

두 발로 걸어 다닐 수 있기에
사람은 동물 중의 왕이 되어 지배를 하며
사유할 수 있는 능력 있기에 만물의 영장 되어
수치를 알고 예의범절 지킬 수 있으니
타 동물과는 달리 양보심 아량 있어
남에게 베풀고 적선지심 있는 게 자랑

제 아무리 날쌔고 힘센 동물도
지혜와 기지로 굴복시키고
사람과 사람 사이 말로써 의사 전달하며
언어의 유통으로 모든 인류 삶을 이어가는
기지 발휘하여 서로 통할 수 있으니
타 동물과 다른 사람이란 자부심

사람은 생각과 뜻을 가질 수 있기에
풍부한 인간성도 가질 수 있고
남을 돕고 사랑할 수 있음도
타 동물과 비교할 수 없는 자랑이고
가정이란 낙원 만들어 살아감도
고등동물이란 긍지 가질 수 있네

사람에게 자제력과 뜻이 없다면
욕심껏 약육강식으로 살아가는 맹수나
금수와 다를 바 없고 자신밖에 모르는
동물의 왕국이 되겠지만 뜻과 자제력으로
탐욕을 제압하고 진리를 배울 수 있음은
사람이란 자부심으로 인간다운 삶을 영위하네

2. 일하는 젊음

양육기가 끝나면 누구나 사람은
일을 찾아야 살아가는데
본능과는 멀리 일터를 찾아도
적성에 맞는 일자리 하늘에 별을 따고
아무렇게나 들어간 일터 능률 나지 않고
신임 얻지 못한 직장 나태해지기 일쑤이지

다행히 적성에 안맞는 일터이지만
목구멍이 포도청 눈치 있게 적응해서
그럭저럭 40고개 지나면 명퇴가 기다려
호구지책으로 자영업 시작하지만
이것도 연륜 없어 만만치 않아
퇴직금만 날리고 앞날만 암울해

인생의 삶 어디 간들 다르랴!
처음 배당 받은 일터에서 노동은 신선한 것
성과 열 다하면 내 일처럼 알뜰해져
상사에게 인정받고 신임 얻으면 승승장구
과장 되고 실장 되고 부장이 되면 운이 작동돼
스스로 돕는 자 하늘도 도와서 중역도 될 수 있는 일터

사람마다 잘되고 못되고는 자기 할 탓
누가 가져다준 행운보화가 아니라
젊어서부터 뜻을 세우고 목표를 가지고
성실하게 일하여 자신을 이겨낸 자만이
이만 가지 이상의 직종 중에서 행운의
성취를 자신이 딸 수 있는 계기를 만드는 것

3. 농업은 천하지대본

아무리 금은보화가 많은들
농사를 못지어 일주일만 굶주리면
돈이고 보물이고 아무 소용이 없는 무용지물
능라금수 몸에 두르고 권좌에 올라 있어도
먹을 것이 없다면 무슨 힘이 있겠는가
그래서 옛부터 농업은 천하지대본이라고

그러나 예전에 농사는 사람의 땀과
체력을 담보로 뼈가 휘는 중노동이어서
힘약한 체력으로는 감당하기 힘든 업이었는데
이제는 농업도 근대화 되고 기계화 되어
웬만한 농촌에 노약자들도 경작이 가능하고
힘들고 센 일은 기계가 도와주는 능률 농촌 되고

아직도 선진 농업에다 비하면
힘으로 해결할 일 남아 있지만
그것도 시간이 해결해 주고 뜻있는
농촌 젊은이들 기업농으로 승부 가리고
날로 성공 사례 늘어나 기업화 되니
우리 농촌도 머지않아 서광이 비치네

요즘 농촌에 가면 비닐이 효자 구실하며
제초 작업 일손 돕고 사철농사 특수작물
가꾸지 않는 농촌 없이 생산에 힘쓰니
성실하게 농사 지은 사람들 옛날과 달리
도시 중산층의 생활 능가하니 예나 지금이나
농업은 천하지대본이 아닐 수 없네

4. 질 높은 품질의 상품

우리나라는 물건 만들어 내는 공쟁이를
천대시 했기에 대를 이어가는 장인 없고
창업 연조 짧아 질 높은 명품 나올 수 없어
자식 손자에게 공쟁이 되지 말고 글을 읽어서
사람 구실하고 대접받기를 원했으니
산업이 융성해서 백성 생활 윤택할 수 없어

우리나라를 제외한 다른 나라에서는 공쟁이도
살기 위해 하는 직업 차별 두지 않아
대를 이은 장인정신 몇 대를 뻗어서
질 높은 상품 생산하고 가문의 명예를 자랑하고
재물도 모으고 생산도 발전시켰지만
우리의 사농공상을 비롯한 신분제도의 폐습 탓

나라를 후퇴시키는 원인도 몰랐던 선비들
그래도 고려 시대에는 자기(瓷器)를 국가에서 장려하여
맥을 이어온 민족이지만 성리학이 들어와
입문학 일변도의 편협한 시책이 나라를
빈곤으로 떨어뜨린 오류를 범하여 쓸만한
생산품 하나 없는 국가로 전락시켰다네

뒤늦게나마 우리도 정신을 가다듬어서
몇몇 상품은 세계 유수기업과 어깨를 나란히
앞서거니 뒤서거니 하여 명품을 만들어 내는
나라 되어 세계시장을 석권하는 민족인데
안목 없고 고루한 위정자 때문에 민족의
저력 발휘 못했던 과거가 안타까울 뿐이야

5. 장사의 속성

장사의 속성은 고객을 속이는 것
구매자가 정직하지 못해 유통구조 고려치 않고
싸게만 사려고 하니 영세상인들은 팔기 위해
질 나쁜 물건도 좋다고 속여 파는 속성
싸게 준다고 귀를 달콤하게 꿀을 발라야
사게 돼서 장사의 속이는 습성 싹이 텄다네

그래서 옛날에 선비가 으뜸 가던 시절에는
장사를 제일 아래 가는 지체 낮은 신분으로
하대를 해 왔는데 지금은 돈 없는 선비가
제일 천대를 받는 세상이 되고 장사도
상도덕 생겨나고 유통질서 원활해져
장사개념 달라지고 상업질서 잡혀가서

정찰제 생겨나 흥정 없는 대형 마켓이
이곳저곳 생겨나 사 갈 테면 사 가고
말테면 말라는 식의 유연한 상술로 변해
박리다매에 밀린 영세상인들 자본 적어
갈 곳을 잃고 당황하여 안절부절이지만
당국의 속수무책의 대책이 너무 안일해

선진국에서 도입한 정찰제 대형상점이
국민을 위한 것인지 돈 많은 재벌을 위한 건지
확실히는 몰라도 이들의 횡포도 안심 못해
언제 독점으로 국민을 울릴지 안심이 안되고
장사들의 속성 신형수법이 생겨날지 몰라서
소비자는 불안하고 영세상인은 한숨만 짓네

6. 선비의 본분

근래의 선비들은 옛날 유학(儒學) 시절과는 달리
전공 학문 분야로 세분화 되고 다양해서
자신이 전공한 학문 외에는 다른 학문의
석학의 길 넘볼 수 없는 게 당연하지만
막간의 독서로 정보상식 얻어내야 하는
소홀히 할 수 없는 학자들의 필연의 임무

선비들은 시대를 이끌어 가는 지도자의 기수
자기 전공 분야 외에도 틈틈이 상식 쌓아두면
남의 대화에도 외도토리 안되고
박식하고 유능한 학자로 인정받는 길
쉽지는 않지만 조금만 노력하면 가능한 희망
이것이 현대를 누벼가는 선비의 본분이 아닐까!

아무리 명문대를 나올지라도
독서량이 부족하면 학벌만으로는
앞서가는 실력 따를 수 없어
두고두고 실력이 판가름하는 깊이를
따라 가지 못하니 책 읽기는 필수의 인연
평생의 벗이요 동반자의 생명일세

너무나 사물에 다학박식한 달학이 되어도
자신의 주장이 약화된다 함은
원래 세상에 단정이란 존재할 수 없어
무엇을 자신 있게 확신한다고 해서
황희 옹의 개긍론(皆肯論)을 틀렸다고 할 것인가
모두를 긍정하고 살아감에 아는 것이 아닐까!

7. 나라 다스린 정객들의 이상

나라 다스린 대본(大本)은 국태민안과 민생안정
이천오백 년 전 때나 지금이나 같은 진리
정치에 매력 느껴 일단 입문하여 용기 갖고
총선에 나와 야망 펴겠다고 열변 토하고
행운으로 일등 되어 당선만 되면
권존민비가 은연중 몸에 침입을 하고

몸은 굳어지고 어깨가 무거워져 고개도 못돌려
민초들의 애환도 살필 겨를도 없어
조직에 협력하고 당리당략에 힘 쏟는 선량들
이씨 조선 시대 패거리 정치 내가 하면
충성이요 네가 행하면 역적의 풍조가
지겹지도 않아서 구습을 답습한 수제자들

정치 잘한 나라에서는 같은 당 다른 당
할 것 없이 의견이 분분하면 충분한 토의사항
아낌없이 거쳐서 어느 안이 최선최대의
국익민복인가 중의 수렴이 우선인데
우리나라 정치는 당리당략이 우선이고
날치기 통과와 단상점령과 몸싸움만 격렬해

자기네 주장만 옳다고 관철시킴은
후진성을 면치 못한 설득력 없는 삼류정치
서양의 정객들은 상대를 존중해서 나의 존중
보장받는 또레랑스(Tolerance) 적용하여
반대의견 납득하여 충분한 토의로 설득하여
결제봉 우렁찬 울림이 정객들의 이상인데

8. 권익을 보호해 준 사람

나라 안에 변호사가 많을수록
민주주의가 살아 있어 국민의 권익 보호되고
억울한 일 없이 민생이 유지되는데
다행히 우리나라도 로스쿨제도 생겨나
변호사 많이 양산되면 인간의 기본권리
누락됨 없이 찾는 밝은 세상 다가오려나

옛날 나라 빼앗겨 독립투쟁한 선열들에게
발 벗고 나선 무료 변론에 앞장섰던 변호인들
또 군벌정치에 인권투쟁의 기수들을 위해
몸 돌보지 않고 변호에 나선 변호인의 정신
이것이 인간 권익을 위한 사람들이 아니겠는가!
이 밖에도 부정한 억울함을 해결해 준 사람들

그러나 변호사 중에도 삼류 사이비도 있어서
억울한 처지를 이용해 돈만 우려먹고 필요한
법리나 증거는 꼼꼼이 챙기고 살핌도 없이
억울한 사연에만 같이 흥분 격분한 수법으로
착수금 챙기고 소송 중에 돈타령만 하는
변호사도 존재함이 옥에 티로 부각하네

변호사의 임무는 권력과 힘의 횡포에 맞서
어느 편도 억울함이 없이 형평에 맞도록
판결을 내릴 수 있도록 재판관을 도와서
법리를 명석하게 분석하는 실력을 갖춰야
억울함이 없이 권익을 찾아줄 수 있어야
세상에 정의사자로 각광받을 직업인데

9. 인술을 가진 명의는 누구인가

우리나라 학생 중 머리 좋은 엘리트들 모두
의사공부 지망하고 선택함은 경제 선호가 우선
질병을 퇴치하고 인류를 구제한다는 사명감은
제2의 과제이니 인술을 베풀 겨를도 없이
밀려든 환자를 상품 취급하듯 소홀히 하고
기계에만 의존한 진찰로 수명은 연장되었지만

20세기의 히포크라테스의 제자 슈바이처는
부귀영화 싫다 하고 불쌍한 빈민구제 위해
아프리카 오지에 들어가 인술을 펴서 명성이 나니
의술로 사랑을 구현하는 그것이 바로 인술이고
병을 잘 고치는 것이 명의가 아니라 많은 환자의
마음부터 위로해서 치료해 줌이 명의라네

의술이 다른 건가! 경험과 실험을 토대로
째고 끊고 이어서 약 바르고 복용하면
낫게 하는 것이 의술인데 의사는 그것으로는 부족해
마음을 편안하게 하는 친절요법을 겸비해야
의사의 사명과 봉사 다할 수 있어 의사로서
첫발을 디딜 때 히포크라테스에게 맹서가 헛되지 않아

의료보험 혜택이 의사의 양질을 떨어뜨리고
성의 없는 진료가 불신임을 가져 와서
밀려든 환자의 진료는 1~2분에 끝나고
미국 일본에 이은 상당한 대우에도 만족치 못하고
유럽이나 사회주의 국가보다 친절과 봉사정신만이
떨어짐은 인술에 부족한 원인이 아닐까?

10. 성직자는 성인의 사자

성직자는 누구나 성인(聖人)의 사자(使者)들
더 이상도 더 이하도 아닌 물욕 없는
심부름 하는 성인의 종으로서 봉사하는 사람
진리를 전달해 준 우리를 개도해 준 천사
어떠한 난관에도 자신을 극복하고
어떠한 유혹에도 넘어가지 않는 지도자

성직자가 물욕에 흔들려 탐심 생기면
교리를 파괴하고 사이비로 전락되고
성현의 말씀 한시도 방심하면
빈틈을 노린 유혹과 탐심이 비집고 들어와
자기 살을 깎는 고통과 아픔을 이겨내야
성인의 사자로 거듭나는 위대한 성직자

성직자는 말만으로 설교하면 부족해
몸소 행함의 선도 있어야 위선일랑
범하지 못하고 성인의 거룩한 가르침
제대로 이행되어 대중이 따르고
사심을 버려야 중생을 구할 수 있으니
종교의 조직화는 심중한 숙제 중의 난제

성인의 말씀과 행동 따르는데
그리도 무슨 단체와 조직이 필요하기에
우후죽순처럼 생겨난 파벌들
탐심이 만들어낸 위선의 편견과 아집
교리 어느 구절에도 분열되어 아집을
주장하고 내세우라고 기록되어 있던가!

11. 스승이란 직업

이 세상에 스승이란 직업 없으면 그 누구에게
배워서 무지를 면하고 문명생활 할 수 있을까
그래서 옛부터 스승을 군사부일체로 받들고
존경하는 마음 임금님 다음으로 여기고
스승의 그림자도 차마 밟을 수 없다고
동행도 사양하고 뒤따르지도 못했는데

요즈음은 인구도 늘어나고 가르침도 다양해
선생님 숫자도 늘어나고 인격교양 미처
연수도 없이 아이들의 인성을 도외시한
교육만 실시하고 있으니 스승의 위신은
서지 않고 회초리 한 번 들지 못한
선생님들 원인 분석없이 그대로 나가기만 하고

생각해 보면 인성교육 없이 지식만을
주입시킨 직업교육 위주의 가르침이
사회 윤리도덕을 문란케 하고 상하의
질서와 부모 형제도 모르는 부도덕으로 전락되고
스승도 모르는 사회로 되어가는 현실을
이래서는 안되지 이래서는 안되지 하는 탄식뿐

지금의 선생님 경시풍조 어제 오늘 일 아니고
그동안 제자들 눈에 인격 없는 행동거지가
존경받지 못할 사유 되었는지 반성해 보고
지식보다 앞선 인격도야에 앞서야
선생님을 사랑하고 따른다는 제자들의
마음을 읽을 수 있는 일이 존경받을 수 있는 척도

12. 환경미화원의 숨은 공적

도시의 대로변 곳곳과
골목길 구석구석 쓰레기와 오물을 치우며
비가 오나 눈이 오나 바람이 불 때도
불철주야 비를 들고 새벽부터 거리로 나와
남이 볼세라 묵묵히 거리를 쓸고 있는 미화원
없어서는 안될 거리를 쓰는 환경미화원

옛날 몸을 닦을 수신(修身) 책 소학(小學)에서도
사람의 첫 번째 수신으로 비 들고 닦는 것을
교훈으로 가르친 것은 주위 환경부터
말끔히 치워야 자신의 몸을 깨끗이 처신할 수 있고
도시의 길거리나 골목길도 깨끗해야 문화도시 되어
선진국으로 도약할 수 있으니 미화원 공적 크고

깜깜한 새벽길 추울 때나 더울 때나
노란색 형광 자켓 입고 지나가는 헤드라이트
불빛 인사를 받으며 날이 새고 밝아오면
깨끗하고 산뜻한 길거리 보기에도 좋아
숨은 일 마다않고 먼지 공기 마셔 가며
묵묵히 비질하는 공적자 미화원이 도시의 일등공신

미화원들의 숨은 공적 있기에
우리는 상쾌한 길거리 거닐 수 있고
무심코 버리는 휴지류나 담배꽁초도
쌓이지 않고 말끔히 치워져 있는 거리
도시의 곳곳을 보기 좋은 환경으로 만들어짐은
환경미화원 숨은 소리 없는 공적이 아닐까!

13. 과학의 위대함

과학의 힘 세상을 둔갑시켜서
오늘의 광명천지 볼 수 있는 것도 과학의 힘
원시에서 오늘까지 수만 가지 혜택 누리고
그래도 부족해서 날로 연구하고 도전을 하는
인간의 속성 어디까지 차야 만족을 느낄까?
과학의 능력 너무 남용하면 재앙도 따르는데

일상의 생활주변 둘러보면
과학의 힘 미치지 않는 곳 없고
인간은 과학을 떠나서는 불편을 느끼고
앞으로도 연구과제 무진장이고
인류의 편리한 삶 고도로 누리면
원시의 자연생활 그리울 때도 있겠지!

앞으로 우주를 마음대로 왕래를 한다면
희한한 세상도 도래하겠지만 그것보다는
사람이 살아 있는 동안 무병하고 건강하게 삶을
지낼 수 있는 선약이 개발되었으면 하는
희망이 늙어서의 간절한 바람이고
저 세상에 갈 때는 나도 모르게 가는 장치 나왔으면

과학을 너무 선호하다 보면 재앙이 따라
국가간에 전쟁을 할 때도 힘 있는 나라는
대량 살상으로 힘의 제압이 아닌
인류멸망의 죄악을 가져올 수 있고
천인공노할 수 있는 과학의 무서운 재앙
자연 사랑하는 마음으로 평화에 이바지하세

14. 고독한 문인의 길

문인의 길 향해서 걸어가면
외롭고 가난하고 배고픈 길이기에
사람들 매력 알고도 되도록 피하며
손쉬운 안일한 일자리 선호를 하고
취미 갖고 문인생활 하는 것은 몰라도
문인의 길 전공하면 가난하고 배고픔은 상식

배고프다 모두 문인의 길 기피만 하면
밝고 맑고 아름다운 자연의 시와 글
누가 써낼 수 있으며 붓으로 불의와 부패
도려내는 정의로운 필지 누가 쓰랴
글을 써서 대박 터진 행운 하늘에 별 따기
그래도 희망 버리지 못해 외로운 길 지키네

붓의 필지 왜곡을 타면 죽은 길이 되고
곧고 바른길 찾아가야 생명을 얻기에
배를 움켜쥐고 정도를 걷는 지조 있는 문인들
그래도 고고한 지조가 문학의 생명이기에
어려운 풍상 경험하고 체험함이 물정 알게 되니
뉘라서 따를손가 고독한 문인의 길

그래서 약아빠진 문인 지망생들
생업에 안전한 직업 자리 잡아놓고
틈틈이 쉬지 않고 취미 삼아 책을 읽어서
전문 문인 택하지 않아도 자기 취미
문학성 살려서 얼마든지 자기 만족한
고상한 삶 영위하는 것도 좋은 취미겠지

제 3 장 삶의 價値

1. 가정의 소중함

가족들이 살아가는 보금자리는
알뜰히 꾸민 스위트홈이고
아늑한 분위기 이루지 못하면 불안해
알뜰한 가정 꾸밀 수 없는 여건
일방적 노력으로는 화목할 수 없어
가족의 공동 보조가 소중한 덕목

부부의 일심동체 공동 사랑으로
가족을 싣고 앞에서 끌고 뒤에서 밀며
힘든 살림도 합심하고 협력하여
목표를 세우고 희망봉 찾아 서로가
수고한다고 땀 닦아준 사랑과 정성으로
가정을 이끄는 희생정신이 소중한 힘이 되고

예전에 가정제도 3대가 함께 살아도
오순도순 위계질서 잡고 화목한 가정
소중히 여기고 희생정신 발휘하여
궂은일 마다 않고 서로를 의지하며
고분고분 어진 말로 가도(家道) 세우고
김이 무럭무럭 한자리에 밥상 받는 소중함

농촌이나 도시나 핵가정 늘어나는 요즘
모두가 이기심에 빠져 둘이만 살아가기를
선호하고 아이도 하나 아니면 둘도 많다 하지만
요즈음 가정을 가진 신혼부부 중 네 쌍에 한 쌍은
가정을 포기하고 신발 바꿔 신는 이기주의자들
그것도 부족해 독신 선호한 남녀들 가정은 소중한 것

2. 주는 희열

언었을 때 기쁨보다는
줄 때의 희열이 더 보람을 느끼고
사람만이 행할 수 있는 미덕이기에
남에게 무엇인가를 준다는 것은
사랑과 희생의 마음의 선물
기쁨과 만족으로 희열을 가져 보세

옛사람이 말하기를 베풀고 보시하면
적선지가 필유여경이라 했는데
그런지 아닌지는 모르겠지만
우선 선을 줄 수 있다면 마음의 재물 언기에
하는 일 형통하고 긍정 마음 차지하니
태평한 삶 행복한 생각이 복이 아닌가

남에게 베풀고 안 베풀고는
마음의 문 발달하기 나름
준다고 축나고 안준다고 모아지는 것 아닌데
선이 쌓인 것은 습관의 탓
기쁨을 맛보면 희열을 알고
희열을 알면 저절로 선이 쌓이고

이 세상 나와서 보람 있는 삶 원하지만
역량 없고 마음 문 열지 못해 적선 못하고
구두쇠로 살아봐도 떠나갈 때는
모두 적수건곤 너무 허무해
세상에 나왔던 이유도 없이 떠나니 보다
베풀고 보시하며 기쁨 간직하고 살아보세

3. 모여 사는 우리안

모여 사는 세상 서로가 서로를 위해서
우리안 모이면 재주도 가지가지
저마다의 장기 간추려 나누어 가지면
서로 서로의 삶이 윤택해지고
가진 자 못 가진 자 어우러져
공존해서 살아가는 모여 사는 우리안

조화롭게 살아가는 우리 안에서는
삶의 가치도 창출할 수도 있고
서로의 모자람 보완 협력하여
미진한 문제를 협의해 나간 사회
어두웠던 삶을 밝음으로 이끌어내
갈등을 해소하고 화합의 우리안 되고

제아무리 하늘을 찌른 독불장군도
홀로는 살아갈 수 없기에
너도 나도 모여 사는 우리안의 집집
각자만 잘났다고 각자 도상되면
배는 하늘로 올라가고 공중분해 되어
찌우락 짜우락 우리안 소동만 이네

각자가 자기만 생각하는 이기심 버리면
서로를 이해하는 양보심 생겨나
밝고 명랑한 이웃과 이웃 생겨나고
훈훈한 웃음으로 인정 베풀고
윤리도덕 상하좌우 알고 지킬 수 있는
화기애애한 따뜻한 우리안 되겠지

4. 거리 차가 벌어진 너와 나

누구나 세상에 태어날 때는
평등하게 고고지성도 우렁차게 나오지만
재주와 능력 분복 차이로
우열의 차를 타고 제아무리 달려도
따라갈 수 없는 너와 나의 거리
뒤에 처져 힘겹게 따라가는 나날들

너는 보금자리 행운 좋아 능력과 소질 살려
승승장구 하이웨이 길 여유 있게 달려
머리에 월계관 쉽게도 쟁취했지만
내가 달리는 길에는 거치른 걸림돌 많고
장애물 넘어 가도 가도 사막의 길
지치고 탄식 한숨 쉬어도 포기 없는 용기

끝까지 감내하고 달려간 나그네 길
너의 눈부신 발전 우러러 보기보다는
무재주 상팔자라 스스로 위안하고
터벅터벅 성실하게 내 자리 내 길을
쉬지 않고 지키며 목적지 향해 가노라면
언젠가는 하늘을 우러러 숨쉴 날 있겠지

이래저래 한평생 지나고 보니
종착지에 다다른 너와 나
지나치게 차이 진 과거 영광과는 달리
주름진 얼굴에 백발만 성성 낙조를 바라보며
허무하고 덧없는 한평생이었다고
너와 나의 거리의 차도 의미가 없어졌네

5. 상자집에 살면서

네모난 획일화된 상자갑 포개 놓은
새장 같은 공동 보금자리
핵가족 늘어나고 도시서민 주택난 위해
외국에서 전래한 상자갑 포갠 집인데
처음엔 십여 평 작은 집으로 시작하여
이제는 없어서는 안될 보금자리 집 되고

이 새장 같은 공동주택이 세계화 되어
중산층이 선호하는 호화맨션 생겨나고
봉황도 살 수 있는 초특급까지 짓게 되는
한국적인 기현상까지 이루게 되어
너도 나도 샀다 팔았다 투기장 만들고
잠만 자고 나간 새장이 물건화 되었네

장사를 해서 G.N.P로 늘어난 화폐가
제대로 향방을 찾지 못해 늘어나는 투기
부동산 말고는 갈 곳이 없어 매일처럼
천정부지로 올라가는 부동산정책
투기근절 시킨다고 솜방망이 휘둘러도
법망 빠져나갈 허점 있는 게 부동산 정책

도시민의 대개가 낮에는 집을 비우고
밤에는 찾아들어 잠만 자고 가는 주거환경
선호하다 보니 새장 같은 여관방이 적격
생활 편리 찾다 보니 아파트가 최고이고
젊은층이 살기 편리하다니 노인들도 따라가
상하좌우 이웃없이 살아가는 상자갑 주택

6. 정원 있는 집

나의 어릴 때 정원 있는 집에서
마음껏 뛰놀던 시절이 그리워
평생을 눈에 그리며 염원했지만
그 시절 꿈에서나 보는 아련한 추억으로
마음으로 상상하고 그려보는 정원 있는 집
아무리 그리워도 만지고 차지할 수 없어

사랑채 앞 아담한 동산에는 각종 수목이 즐비
봄이면 화사한 꽃이 손님을 웃으며 맞이하고
여름이면 녹음 어린 연못에 비단잉어 노닐고
가을이면 단풍나무 빨갛게 석류도 이빨을 드러내
겨울에는 사철나무들 독야청청 지조 지켜서
눈 쌓인 나목들은 감내하여 봄을 기다렸네

이러한 정원 있는 집은 사계절의
자연변화 흘러감을 눈으로 보고 손으로 만져
메마른 도시 정서 부드럽게 만들 수 있으니
살아보고 싶어 단독주택 몇 채 지어봤지만
땅이 좁아 나무들이 살 수 있는 정원은 없어
사람만 살 수 있는 비정한 도시의 땅값

도시에서는 방 몇 칸 내집 마련도 어려워
정원이 갖추어진 집은 재벌 아니면 어려워
우리 할아버지 유산으로 한때나마
정원 있는 집에서 지냈던 어린 시절이
꿈과 같이 아름다운 추억으로 남아서
일생을 지배하는 마음의 고향의 집

7. 여운 남긴 미완성

사람마다 자기 완성 위해 달리지만
지나온 한 생애 아쉬움도 많고
팔이 짧아 미치지 못해 탐나는 것 잡지 못해
모두가 부질없는 분수 밖의 허상
완성이란 요원한 희망 찾아 헤매어도
칠흑같은 어둠이 앞을 흐리게 한다

가도 가도 끝이 없는 완성의 정정(頂程)을
완성의 꿈 살려 목표 세워보건만
항시 거리를 두고 달아나는 완성의 그림자
잡으려다 잡으려다 놓쳐버린 완성의 몫
그래도 미련 남아 가버린 흔적 바라보며
미완성의 아쉬움 후손에게 여음 남기고

이것이 완성이다 손에 쥐고 잡아봐도
막상 손을 펴보면 저만치서 미소를 지으며
속고 속은 인생사 좌절하지 않고서
그래도 희망봉 향해 백의종군한 마음으로
목표에 미달한 미완성이지만 후회는 안해
내 힘 다하여 걸어왔음이 여운을 남기네

완성열차 타고 신나게 달려 봐도
완성역 나오지 않아 실망하고 망설여도
더 이상 갈 곳 없어 후손에게 미완성 티켓 주며
오던 길 되돌아가면서 완성역 찾아보라고
당부하여 아쉬워하는 여운 남긴 미완성
차근차근 대대로 내려가는 미완성의 변

8. 외로운 대화

늙고 병 들고 활동할 수 없어 찾아온 이 없으면
궁여지책 자구책으로 외로운 대화라도
찾는 길이 바로 책속에서 간접대화 벗찾아
외로운 상대 시도해 보면 무심한 속에
흥미 있어 책과 씨름하면서 심판을 보는 재미
적막한 가운데 소일거리가 된다

이런저런 머릿속에 씨름판 벌려서
외롭지 않게 천하장사 뽑아내어서
책에는 온갖 장사들 있어 묘기도 갖가지
이리저리 구경하고 배울 수 있으니
그대로 간접대화 머릿속에서 하지 못하면
무료한 시간 무슨 낙으로 천정만 응시할까

어쩌다 찾아온 벗과 친지들 와서
심심치 않느냐며 연민의 위로하지만
대인 대화 없어도 적응된 간접 대화로
피가 되고 살이 되어 상식 지식 늘어나고
풍요로운 마음공부 이때가 아니면 언제……
늙고 병든 나무에 싹의 눈이 트이네

간접 대화 나누면서 막힐 때의 통역은
사전을 붙들고 통변을 의뢰하는 것이
유일한 스승의 힘이 되어 무사독학(無師獨學) 되고
많이 읽으면 자득할 수 있는 능력도 생겨
고독하지만 그런 대로 벗을 삼으면
외로운 대화라도 할 수 있어 무료함을 잊는다네

9. 공것 없는 세상

세상에 거저 얻어지는 것은 없는데
철 없는 젊은 한때 생각은
서울만 올라가면 돈도 생기고
공부도 하기가 용인할 줄 알았는데
모진 고생 갖은 풍상으로 터득한 이력
이 세상엔 기브앤테이크만 지배하는 세상

이 세상에 공짜는 자연의 혜택 뿐인데
부모의 사랑과 은덕도 보답을 해야 옳은 일
금수인 까마귀도 반포지효로 보답을 하는데
하물며 만물의 영장이 도리를 몰라서야
공것이 어디 있다고 받고 줄 것을 모르면
바라는 속성만 생겨나 속물인간 되네

사람과 사람의 접촉에도
물심양면으로 주고받음 있어야
원활하고 떳떳한 원칙으로 교체 이루어지고
내 것은 아까워서 인색이 앞서 베풀지 못하고
남의 것만 탐내어 받기만 한다면
하루속히 마음을 바꾸어 우매함 고쳐 나가세

이 세상 만물에게 고루고루 혜택을 나누어 주는
대자연에게 감사하고 보답하는 길은
자연을 보호하고 가꾸는 것이 기브앤테이크
우매한 인간들 그것도 생각 못해
코앞만 보고 마구 훼손하고 파괴 일삼으면
재앙 보복 두려워 공포가 앞서네

10. 시간의 속도

할 일 많은 근면한 사람 시간이 모자라고
일 없고 나태하면 시간이 남아 도는데
일에 열중하다 보니 일주일도 하루 같고
개을러서 하기 싫은 일 하면 하루가 한 달처럼
그래서 옛부터 뜻 있는 사람들은 세속여시(歲速如矢)요
일촌광음불가경(一寸光陰不可輕)이라 하지 않았던가!

공부하는 학생도 한시가 어찌나 빠른지
미처 배울 것도 못배웠는데 지나간 시간
지나간 시간을 아까워 하지만
놓친 세월 다시 못올 강물로 흘러갔으니
학문은 늙기 전에 부지런히 배워서
후회없이 시간을 아껴서 안배하는 것이 으뜸

아무리 어려운 버거운 일일지라도
자신과 의욕 가지고 하고픈 일이면
일 주일 한 달이 금방 돌아온 듯하지만
하기 싫은 일 강요에 의해 마지못해 하면
하루가 한 달처럼 지루하고 능률도 없어
자발적 마음 바꾸는 일이 얼마나 중요해

의욕 가진 자발적인 일은 무서운 힘 나와
남녀노소 가릴 것 없이 능률 오르고
똑같은 일도 자발적인 의욕 나지 않으면
천양지차가 생기는 인간의 속성과 괴력
때와 장소를 잘 이용하면 하는 일에 도움 되어
성취 목표 달성 속도 빠르지 않을까

11. 무료한 시기 보내기

과거가 아무리 화려했다 해도
늙은 만년(晩年)이 되면 소일거리 없으면
무료함 찾아들어 낙(樂)을 앗아가
모든 것이 권태롭고 취미 찾지 못하면
무재미 무낙으로 시간만 무료해
무의미 찾아오기 전에 자구책 찾아야지

이래서는 안되겠다 하여 소일 찾지만
친구를 찾는 일도 한두 번 뿐이지
전념했던 시절 일 접어두고
새로운 창안과 취미 살려서 오래오래
만년의 무료함 무난히 보낼 수 있는 소일거리
마음 달래고 정신 건강 찾을 수 있는 일

예전에 미처 못 읽은 고전(古典)을 더듬는 일도
늙어서는 좋은 취미 생각을 가지면
금과옥조(金科玉條) 성현들의 진리도 배우고
예전에는 흘려 들은 명언(名言) 되새겨
머리와 가슴으로 와 닿는 지혜로 남아
황혼에 투시되는 독서의 매력

고전이 따로 있나 몇백 년 몇천 년
없어지지 않고 버려지지 않는 명저들이
두고두고 가슴에 사라지지 않는 말들
하나하나 심심소일로 읽어간다면
무료한 노년기의 파한(破閑)의 계기 되고
무재미 무낙을 예방할 수 있는 송만년(送晩年)

12. 훈훈한 인정

따뜻한 인정 후한 사람 사람들 따르고
메마른 인정 옆에는 외롭기 그지없네
사람에게는 인정이란 덕이 있는데
갖추고 못 갖추기는 개개인의 인간성
금수 같은 동물에는 정이란 찾아볼 수 없고
몰인정 찬바람이 외로움만 가져올 뿐

인정 없는 사람이 저만 아는 이기주의 되고
훈훈한 인정이 사랑으로 베풀기도 하고
봉사하는 인류애도 발휘할 수 있는데
덕기(德氣) 없고 인정 없으면 냉혈동물 되어
그래서 공자께서도 인정이 없으면 가까움도 없다고
비인정(非人情)이면 불가근(不可近)이라고 하지 않았던가

인정으로 덕 베풀면 외롭지 않고
훈훈한 이웃이 만들어져 사람이 따르고
나만을 알고 남을 의식하지 않으면
무정한 고독만이 나를 찾을 뿐이고
친구도 이웃도 없는 혼자만의 외도토리가 되고
그래서 덕불고필유인(德不孤必有隣)이라 하였네

이왕 사람으로 타고 났으면 모름지기
남에게 칭송 받고 찬양 받는 사람으로 되어
인정 많고 덕기 있는 인간성 풍부하게
모든 사람에게 대할 수 있다면
얼마나 선택 받은 사람이 될까 모두들!
이래도 한세상 저래도 한세상 인정이나 베풀어 보세

13. 신앙의 이유

나이가 들어 의지가 약해지고 심신이 허약하면
엄습한 무력의 유혹을 이길 수 없어
홀로 거친 세파 마음으로 감당키 어려워
마음의 동반자 구하는 일이 신앙의 길이요
마음의 신(神) 붙들고 스스로의 위안 받으면
신앙의 길이요 유일한 하느님을 믿는 이유

모든 만사 길흉화복을 하느님께 유임하면
얼마나 마음이 편한지 그것만으로도 하나도
손해 받은 것 없고 위안받은 편한 마음으로
만사를 접하면 일도 순조로운 배경이 있으니
손해될 것 무엇인가 예전 우리 조상님들도
위급할 때는 하느님 외치며 살려달라고 애원해

사람이 기쁠 때나 위급하면 무의식적으로 나오는 말
오마이갓 하는 습성이 인간의 본능이고
세상에 무신론자가 말하기를
하느님이 어디 있는지 누가 신을 본 사람 있느냐고
반문하지만 위대한 하느님은 각자의 마음안에
도사린 영의 존재 영혼을 지배하는 보이지 않는 신

사람의 힘과 능력으로는 알 수 없는 모든
불가사의한 일은 하느님의 몫으로 미루니
포용할 수 있는 자비로 우리의 근심 걱정과
기쁨과 즐거움까지도 다 수용하시고
각자가 적응할 수 있게 힘을 넣어 줄 수 있으니
이것이 내가 가진 신앙의 아름다운 이유라네

14. 진인사대천명(盡人事待天命)

사람이 가장 현명하게 사는 방법은
성실하게 사람이 할 수 있는 일 다하고서
다음은 하느님의 뜻을 기다리는 순서
팔자타령 분복타령 하느니보다는
제 할 일 개미처럼 쉬지 않고 열심히 하면
하늘도 감응하고 보답 챙겨주고 있다네

제 할 일 못찾고 감나무 밑에 누워서
빨갛게 주렁주렁 매달린 홍시감
입에 떨어질 요행 바라니보다는
손수 나무에 올라가서 따 먹는 실천이
사람이 할 수 있는 최선을 다하는 능사이고
다음에 하늘의 명을 기다리는 것인데

우리나라 젊은이들 구직난에 아우성인데
중국을 비롯한 동남아 청년들은 수십만 명이
우리나라에 들어와 궂은일 마다하지 않고
엄청난 외화 벌어가는데 이러한 일이 구직난 되고
진인사대천명인지 묻고 싶지만
수출을 돕고 있는 외국인도 축출할 수 없기에

언제부터 우리나라 부국귀족 되었다고
뜻이 없는 우리 국민 의식구조 병들어
3D현상 기피하고 안일한 직업만 택함은
필요 이상의 학벌과 허영이 가져다 준 덕
아무 데도 쓸모없는 전문학업 낭비만 가져 오고
생업에 효율 없는 일 진인사대천명에 도움 안되네

제 4 장 추억의 메아리

1. 고향 생각

도심에서 긴 세월 살아온 몸
오매불망 고향 산천 그리며 살았던 세월
나이가 채워져도 여전히 지워지지 않고
어릴 때 생각 아련히 떠올라
언제나 가 보나 그때 그 시절을
아이들과 개천에서 물장구치고 멱 감던 시절

고향이 따로 있나 나그네의 삶이
이리 가고 저리 옮긴 곳이 고향인 것을
그래도 어린 시절 추억 주머니 많은 데가
나이가 포개져도 잊혀지지 않는 곳
추억의 날개 달고 한없이 날아가는 곳
환상의 고향 생각이 아련히 떠올라

어린 시절 같이 뛰놀던 막동이와 삼용이도
이제는 호호백발 할아버지 되어서
황혼 노을 바라보며 옛날을 그리며
공원을 서성이며 아이들 뛰노는 모습 바라보며
나도 한때는 저럴 때가 있었는데 하고
마음으로 외쳐 보는 돌아오지 않는 메아리여!

나는 남달리 고향이 셋 있는 셈
10살까지의 고향 20대까지 살았던 고향
그 이후에 지금까지의 고향이 있어서
개념 희박한 고향이지만 그중 정든 곳은
고달픔이 많았던 20대까지의 농촌 고향이
추억 주머니 많이 간직할 수 있는 고향 산천이고

2. 실타래처럼 떠오름

어릴 때 희미한 기억 더듬어 보니
실타래처럼 따라오른 생생할 추억
마당에서 뛰놀다 아버지 외출할 때면
기다려 따라가겠다 떼를 쓰면
막내둥이 귀여워서 동전지갑 꺼내어
동전 두 잎 모이를 주는 즐거움에 젖어서

한 잎으로는 커다란 둥글사탕 두 개 사 먹고
한 잎으로 제사공장에서 나온 번데기 사 먹어
동전 두 잎이 하루의 유일한 입을 달래 주고
마냥 즐거워 작대기 말을 타고 지냈던 시절
어릴 때 아버지의 순한 이미지가
지금도 잊혀지지 않는 아득한 기억으로 떠오르고

농촌을 간신히 벗어난 젊은 날엔
장안천지 신발 도장 찍고 눈동냥 하며
만고풍상 맞으며 거리를 누빈 세월들
가도 가도 끝이 보이지 않아 동반자를
구해서 함께 걸어본 50여 성상이
희망의 꿈을 꾸었던 보금자리였네

길고 지루한 고달픈 세월도 일장춘몽이고
허탈하고 허무한 일생사 보람도 없이
남에게 보움 얻어 살아오고도 나는
도움 주지 못한 세월이 아쉽기만 해
늦게나마 하고픈 배움의 길도
병마가 찾아드니 그것마저 여의치 못해

3. 보물 한 점 없는 집

대대로 굴곡 없이 전통 있게 내려와야
유물이 이어지고 보물이 쌓이는데
가문이 도중에 풍비박산 되고
재물도 몰락되면 보물 한 점 남길 수 없고
조상이 쓰시던 손때 묻은 유물 한 점도
찾아볼 수 없는 삭막한 집이 되었네

금은보석과 값 나간 서화만이 보물인가
대대로 조상이 쓰시던 물건 하나하나를
소중하게 여기고 오래오래 간직하면
그것이 백 년 가고 이백 년 가고 오백 년 가면
집안에 전통 되고 가문에 보물 되어
세상에 알려지면 빛을 바랄 수 있는 보화

그래도 선비로 내려온 집 아무것도 없지만
부친께서 쓰시던 빛바랜 한문 일기장 한 권과
조부님 시 210수를 수록하고 부친의 시 150수를
수록해 주신 낡은 책 한 권이 나와서
선비의 흔적이 나타나고 맥이 보존되는
유일한 우리 집의 유물이자 보물이 되었네

이것도 없으면 조상의 발자취는 알 길 없었고
선비로 내려오고 이어짐도 모르는 일
좋은 아버지 밑에서 한학을 30년 수학하시고
조부님과 함께 시를 읊었던 우리 부친님 주옥같은 글을
남기고 가산은 탕진되었지만 남겨 놓으신
우리 부친님 세상은 뜨셨지만 남김이 있었네

4. 스케이트 대신 썰매를

옛날 어릴 때 메마른 농촌마을에서는
도시 아이들 겨울철에 스케이트 타면
농촌 아이들 폐쇄된 방천 나가서
돌로 철사를 끊어다가 사과궤 뜯어
썰매 만들고 농한기 논에다 물 가두면
꽁꽁 언 빙판 되어 즐겁게 썰매를 탔었지

이가 없으면 잇몸이 대신하고 돈이 없는
농촌 아이들도 새끼로 공 만들어 축구도 하고
주먹 야구도 하며 즐겼던 동심의 세계
도시 아이들과 진배없이 추억의 대상이 되어
자연이 도와주어 아이들 기를 살리고
그런 혜택 없으면 어릴 적 놀이 낭만 찾을 길 없고

놀이터 하나 없는 메마른 농촌에 아이들도
또래들끼리 모여 나무 자동차 만들고
핸들 손잡이도 소나무 베어 탄탄히 만들어
민둥산 경사진 곳이 자동차 경주장
위에까지 메고 올라가 타고 쏜살같이
내려오면 스릴 만점에 기분도 상쾌해

이러한 자급자족의 오락기구가
도시에서는 맛볼 수 없는 일수의 선물 되고
그래서 옛날에는 농촌 아이들 창의력을
알아주었건만 지금은 농촌 도시 가릴 것 없고
풍요로운 혜택 아래 도시농촌 차별 없으니
우리가 커 나던 시절이 아득한 옛날

5. 맏이와 막내의 고향 나들이

부모와도 같은 40대의 누나와 20대의 동생
전쟁이 할퀴고 간 상처가 아물기도 전에
황량한 마음 달래보려고 함께 나선
오누이의 고향 찾아간 길 변변히 차도 없어
기다리고 기다려 둘째 누나 집 찾아갔지만
가던 날이 장날이라 출타하고 안계셔

무거운 발걸음 옮겨 삼촌이 계신 고향에 와서
그동안 전쟁의 암울한 이야기 나누고
살아 남아 생면하니 꿈만 같았고
큰누나는 20여 년 만에 시집 나와 처음
나와 본 고향 길이 생소하여 지금은 남의 집인
커다란 집을 주인 양해 얻어 구경을 하고

추억도 새롭게 이 방이 조부님 방이고
이 방은 어머니가 거처하신 안방이 여전하고
이곳은 우리 형제 시집오기 전 거처했던 방
사랑채 둘러보며 손님 나그네들
줄을 이었던 시절을 회상하며 한숨 짓고
돌아서는 누나를 바라보는 어린 동생 실감이 안나

조상 대대로 자자일촌 하고 살아온 고향인데
부친께서 늦게나마 개화바람 타고
도시를 찾았으나 허궁에 빠져 헤어나지 못하고
좋은 재산 하루아침에 날려보내고 집도 없으니
지금은 고향의 맥이 꺾였어도 큰누나 어린 시절
추억 찾고 돌아오니 기분 전환되는 고향 나들이

6. 말이 씨가 된다

옛적부터 내려온 말이 소원과 염원 있으면
말로 자꾸만 되풀이하고 염불 삼으면
소원 성취 이뤄진다고 했는데 나도
농촌 생활 면하려고 아무 계책도 없이
무모한 말 입버릇처럼 나는 서울 간다
기필코 서울 간다를 자나 깨나 염불했다

헛소리처럼 지껄였던 말이 현실이 되어
서울에서 뿌리 내렸으니 말이 씨가 되어
우리 집안에서는 내가 전후에 맨 처음으로
서울행 기차표를 산 셈이지!
서울에 올라왔지만 역량 없고 기반 없어
이 모양 이 꼴이지만 감당 못한 농촌은 하직할 수 있었지

영국에 카네기 소년도 어려서부터
나는 부자가 된다 결단코 부자가 된다를
오매불망 염원하고 속으로 자나 깨나 외침이
마침내 미국 이민이 그를 알아보아 위대한
재벌이 되어 사회의 밑거름이 되고
길이길이 빛나는 위대한 인물로 말이 씨가 되었네

미국이 가난하고 배우지 못한 에이브라함 링컨도
초년부터 나는 훌륭한 인물이 되어
불쌍한 노예를 이 땅에서 해방시켜야지
기필코 다리에서 쇠사슬을 풀어 주어야지
하는 외침이 용기가 되어 만인에게 가르침 받아서
대통령이 되고 전쟁까지 불사해서 최초로 노예를
해방시켜 준 구원자가 되는 말이 씨가 되었다네

7. 칠석날 찾아간 어느 암자

어머니와 나는 산 아래 또랑에 내려가
목욕재계 깨끗하게 하고
집에서 시오리 되는 어느 무명의 암자 찾아가
쌀 한 됫박 어깨에 메고 산중턱 오르니
목욕재계도 보람 없이 삼베적삼에
몸이 물에 젖어 옷이 붙어 떨어지지 않았네

우리 엄니 보살 만나 합장 인사하고
작은 부처 앞에 엎드려 기복하였네
모든 액운 없애주고 무병형통해 달라고
쌀 한 됫박 시주로 빈자의 일등 대신하여
암자에서 차려준 옥반 소찬 공양에
어찌나 꿀맛인지 다다 감식하고

우리 엄니 암자에 내려온 산길에서
산채나물 뜯어 자루에 담아 이고
내려오는 귀로는 마음도 가벼워서
열악한 인생의 기복신앙의 삶
소박한 소원을 빌러 칠월 칠석날에
찾아간 모자의 신앙 나들이

밤에 돌아와 마당의 평상 옆에
모깃불 피워놓고 밤하늘 쳐다보며
시원한 밤하늘에 은하수에서
견우와 직녀가 일 년에 한 번 만나고
연민의 석별을 상상하며 누워 있으면
밤이 저물어 이슬이 내리네

8. 형제지간의 우애의 길

한부모 속에서 차례로 태어난 형제들
같은 피와 뼈를 이어받았지만
형제남매들 아롱이 다롱이
제각기 개성 다르고 성질도 가지가지
어릴 때는 세상 먼저 본 순이 주도권 갖지만
장성해서는 인격이 지배를 하네

존경하고 설복함이 우애의 지름길
품위 없는 권위의식 구태의 관습
사랑의 마음 오가는 기브엔테이크가
서로가 서로를 위하는 형제간의 우애의 길
평등한 인격으로 위계 세우는 일이
잡음 없이 우애 있게 프라이버시 지키는 일

형이 동생들을 예속물 취급하고 동생이 형을 무시하면
언제나 마음속은 찌우락 짜우락
협력 협조 상호 인격 존중이 우애의 기본
능란한 처세 형제지간에도 필요하고
어린 시절 지배의식 버리고 없어야
화기애애한 집안 되고 우애가 지속되리라

옛 전설에도 동생이 분가하고 농사를 수확해서
벼 한 짐 형의 논에 갖다 놓는 형을 배려함과
형은 동생의 처지 배려하고 밤에 벼 한 짐 져다
동생의 논에 갖다 놓는 형제간의 사랑이
밤새도록 지속하다가 날이 새서야 형과 아우가
도중에서 만났다는 아름다운 일화가 우애의 진수

9. 오래 기억되는 의리

옛정 오래오래 기억하고 변치 않음은
의리를 간직한 인간의 표시
자신의 선심은 쉽게 잊어도 어려울 때
남에게 받은 정 두고두고 기억하고
잊지 않고 고마워함이 사람의 도리인데
수시로 망각하고 변하는 마음이 배은이고

누구나 제앞이 양양하면 옛정 망각하여
내가 언제 도움 받았는가 하고
남의 곤궁 보고도 모른 체 하지만 의리 있는 사람
옛날 자기 생각에 발벗고 나서서
곤궁에 빠진 이웃을 도와주는 의협심이
동물성을 배제한 인간성이 아니겠는가!

사람이 살아가면서 삶의 늪에 빠졌을 때
밧줄 던져준 고마움 평생 잊지 못해
마음으로 보답하는 길이 의리 지키는 길
그 아름다운 보답이 오래오래 기억되는 의리의 샘
아무리 세상에 강한 자존심도 배은망덕하면
속물 취급받고 의리부동한 사람으로 전락해

사람을 사귈 때 기준은 여러 가지이지만
그중에서 신의(信義)가 으뜸 가는 기준이고
신용과 의리가 있는 벗은 생사도 나눌 수 있어
오래오래 사귈 수 있는 관포지교가 되고
인격과 덕을 갖추는 인생사가 되겠지만
무지와 물욕이 의리 갖기를 방해할 뿐이네

10. 오랜만에 들러 본 옛집 앞

강산이 네 번이나 바뀌어서야 처음 그 집 앞을
가 보지 못했음은 그날 그 악몽을 떠올리기 싫어
고의로 기피했는데 40여 년 만에 우연한 기회가
그 집 앞을 지나게 되니 멍들었던 어린 가슴
희석되었지만 상흔은 남아 조이는 가슴
달래며 전라도 갑부집 담장을 휘돌아서

고목길 들어서니 하나도 변함없는 그때 그 길
대문도 그 대문 문패 이름만이 주인이
몇 사람이나 옮겨 갔는지는 몰라도 귀에 익은 이름
번지수도 예전 그대로 광주시 호남동 55번지
이름 석 자 만은 허백련(許百練)이란 문패가 또렷하고
초인종을 누를까도 생각했지만 불청객이 쑥스러워

대문 앞에 서서 그날의 비극을 한참동안 불러내어서
가방 메고 학교에서 돌아와보니 대문에는 벌써
장대 엑스 자가 철장이 되고 대문 밖 공터에는
경매 당하고 몇 가지 안된 세간이 나뒹굴고
이리저리 혼이 나간 우리 엄마 나를 보더니
여기 꼭 서 있어라 하시며 어디론가 사라져 버렸네

한참만에 나타난 우리 엄마 손수레 빌려다가
주섬주섬 세간 싣고 앞에서 끌며
뒤에서 밀라고 하여 정처없이 굴러가는 수레바퀴
오늘밤은 어느 노상에서 잠을 청하나 무심한
저녁노을에 외롭게 끌고 가는 모자의 손수레가
어두운 그림자로 드리워 날이 저물어 갔네

11. 어린 시절의 친구들

나의 어린 시절 무척이나 수줍고 사교성 없어
한반 아이들과도 몇이서만 어울리고
한학교에서 3년 남짓 다니는 동안
몇몇 친구집에 왔다 갔다 하며 어울려서
친하게 놀던 때가 그리운 시절
지금은 그들도 호호백발되어 무엇을 할까?

특히 친하게 놀았던 김 모 군이 있었는데
집이 가난해서 하학길이면 집에 와서
같이 뛰어 놀고 도우미 누나에게 먹을 것
챙겨달라 해서 먹고 놀다가 집에 돌아가고
그리고 그림을 잘 그려 선망의 대상 박 모 군
전학 와서 연극를 잘했던 도지사 아들 다께나가 군

누나와 형들이 같은 동창인 정 모 군
서로의 집을 내왕하며 누구의 집이 부자인지
눈어림해 보던 그때 그 시절의 친구들
한 번 떠나와 전학을 하고 떠나고 보니
까맣게 잊혀지고 소식도 알 수 없고 한군데에
1년을 다니다 또 전학 온 농촌학교에서

6년을 겨우 채웠지만 그때도 1년 남짓
다녔던 농촌학교 동창생들은 40여 년 만에
서울에서 처음 상봉을 하여 하루 이틀 밤 그 동안의
회포를 푸니 어린 시절의 추억이 생생하고
지금까지 소식이 오고 가는데 처음에 다녔던
학교 친구들 소식은 오리무중 알 길이 없네

12. 여행의 즐거운 추억 · 1

고달프고 지루했던 삶 아내와 같이했던 세월
한 번도 마음 놓고 제대로 나들이 한 번 못해
신혼여행도 결혼하고 곧바로 야간열차 타고
서울 올라와 살림열차 바꿔 탄 게 고작인데
그 말 이루고 늦게나마 벼르고 별렀던 구혼여행
서둘러 서쪽행 비행기에 올랐네

하늘을 치솟고 구름을 갈라 서쪽으로 날아가
딸아이가 유학 온 파리에 도착 합류해서
렌터카 빌려 관광에 나서니 별천지
낯선 서양풍경 눈에 담아 동양과 비교하며
가는 곳마다 귀에 선한 유적과 풍물들
이곳이 진짜 서양인가 꿈속을 헤매듯 들떠

사진으로만 본 에펠탑 손으로 만져보고
세느강 유람선 타고 밀라보 다리 밑을 지나
밤공기 가르며 야경의 세느강 변의 낭만을
만끽하는 즐거움 이곳이 아니면 어렵고
나폴레옹이 누워 있는 앵버리드와 프랑스에서
불멸의 명사들이 누워 있는 빵태옹을 보며

동양에서는 볼 수 없는 무덤의 풍물들
루이 14세의 화려하고 하늘을 찌른 권세의 유적들
각 박물관에 진열된 그 많은 예술품과 보물들
눈이 휘둥그래져 기가 질리고 서양문화들
앞섬을 눈으로 확인을 하고 몽마르트 언덕 올라
즉석 초상화 그려보아 거리의 화가 요기시키고

13. 여행의 즐거운 추억 · 2

유럽을 두 번 여행한 즐거움으로 명사들의
생가가 많이 보존되어 있음을 보았는데
모두가 저택이 아닌 수수한 보통 집이지만
잘도 보존되어 사람의 위대성을 길이 기린 사상
동상 문화에서도 볼 수 있듯이 그들은
위인들을 숭배함이 동양을 능가하고 있었다.

영국의 도버항과 프랑스의 깔래항 두 번 왕래에
한 번은 카페리로 한 번은 세계 최초의 해저터널로
파리에서 런던까지 3시간에 질주하는 속도
이제는 영국이 섬이 아닌 육지로 다리도 놀 수 있겠지
독일의 라인강 선상유람은 낭만 중 낭만의 관광
굽이굽이 돌아 로렐라이 전설 따라 유람하고

쾰른에 이르러 유서 깊은 성당은 700년을
건축해도 아직 미완성인데 천년이 가야 완성되려나
유럽을 병풍처럼 둘러친 알프스는 구름이
허리띠를 둘러 몽블랑과 융프라우가 상봉
사철 흰모자 쓰고 관광객을 영접하고
4천 미터 이상을 케이블카와 철도가 실어 날났네

특히 융프라우 아래 산촌마을 인토라켄의
그림 같은 한 여관에서 본 융프라우 상봉을
석양볕에 내리쪼이는 전경이 황금산이 되어
노다지로 보인 장관을 보였네 이러한
자연의 마술을 보는 즐거움도 두 달로 마감하고
아쉽지만 유럽여행을 종지부 했네

14. 여행의 즐거운 추억 · 3

딸아이가 미국 살아 두 번을 가 보았지만
나라가 광활해 주마간산의 관광도 조족지혈
처음 갔을 때는 주로 중남부에서 동북부로 한
텍사스 어스턴 달라스 휴스턴 센안토니오에서
워싱톤 필라델피아 보스톤 뉴욕 나이아가라 애트란타
L.A를 보고 미국이 큰 나라로 보고 돌아왔는데

여관 문화도 신용이 발달하여 전화 예약으로 잘 수 있고
워싱톤 투숙시에는 여관측 실수로 2백 불에 예약한
룸을 2천 불 VIP 특실에 자는 행운도 맛보고
나이아가라 폭포 속에 무아지경에 들어가 보기도 하고
철강의 도시 뉴욕에 카네기홀과 두 개의 최고층 올라보고
청교도들의 슬픈 애환의 이민이 갖다준 영광 보았네

두 번째 가는 코스는 후로리다 휴스톤에서 서부의
나스베가스까지 27시간 걸려 승용차로 동서를 질주
불야성의 도박 도시 구경하고 다시 화석공원 찾아
그랜드캐년 가서 헬리콥터로 공중 관람하니
천애의 화석으로 빚은 신의 작품 신비의 극치
콜로라도 강물이 억겁의 세월 흘러내려 가고 있었네

돌아오는 길 L.A애 들러 디즈니 어린이 동산과
헐리우드 활동사진 찍는 데를 구경하고 돌아왔네
우리 부부 이 밖에도 동남아 일대와 중국 일본을
즐거운 여행을 다녀봤으니 지구의 절반은
비조주마간산(飛鳥走馬看山)으로 눈요기 하였으나
사람들 사는 것은 거기서 거기 남는 것은 추억 뿐이네

제 5 장 땀은 人生을 싣고

1. 달인(達人)의 경지

사람이 하고 살아갈 수 있는 일
2만여 직종 중 단 한 가지 천직 택하여
달인이 될 수 있는 일 어렵고도 어려운 일
무엇이고 특등을 차지하기 위해서는
숨은 땀 많이 담아내고 피를 말려야
내 것이 되고 보람도 차지하겠지

자기 하는 일 적성 맞아 밤잠 덜 자고
거듭거듭 수만 번 피땀 흘려 반복하는 공로
보답 받아 달인의 외길 인생 접근을 찾고
하기 싫은 일 어렵게 하느니보다
지기 좋아 손에 익어 의욕 가지면 누구나
숙련되어 보람 찾고 인정 받는 달인의 경지 가까워

애당초 가능성 없는 크고 높은 헛된 이상보다는
소박하고 알찬 인생 택해 분수 지키면
성실한 삶의 목표 생겨나 달인의 길 보이고
허영심 사라지고 자기 하는 일 노하우 생겨나
반복하고 연마하는 끈질긴 집념이 바로
축복 받는 달인의 영광으로 행하는 길

하찮은 일이라도 노력하여 달인이 되면
승승장구 밝은 앞날 보장된 삶의 안락
독일 나라에서는 마이스타 제도가 있다면
우리나라는 달인 제도 생겨나서
허황된 적성에도 없는 교육비 허비 말고
소박한 직업의식 고취가 사람의 행복의 길

2. 건강 유지는 노력의 결과

건강은 타고난 체질도 중요하지만
그보다는 다스리고 가꾸는 일이 더 중요해
어려서부터 몸 구석구석을 살피면서
세심한 주의 기울여 보살피는 부모의 안목
젊어서도 몸 혹사하지 않고 적당한 휴식과
운동으로 달래고 아끼고 추스리는 일이 중요해

모든 병은 뿌리가 있고 원인이 있는 법
함부로 방치하고 몸을 소홀히 하는 데서
침입하는 병마 예방하는 일 게을리하면
병 들어 고생하고 재산 축내는 일 모르고
무관심이 가져다 준 만년의 선물치고는
너무나도 쓰라린 가혹한 시련임을……

건강하게 일생을 지내려 함도
부모의 어릴 적부터 세심한 보살핌으로
고루고루 식생활에 영양 갖추어
균형발육 튼튼히 성장한 신체가
건강을 지탱하고 무병으로 가는 지름길
성장할 때 부모의 배려가 건강의 원천이네

평생의 건강관리 지속하려면
맑은 공기 호흡하고 일정한 노동과 운동으로
스트레스 받지 않는 마음과 정신 수양 쌓고
과로와 과식과 과욕을 삼가하는 일이
건강을 지키고 유지하는 일등 공신 되고
늙어서 무병하게 보낼 수 있는 오복 중의 하나

3. 땀이 나온 만큼

일생을 보낸 주름진 사람들
지나온 발자취 더듬어 못내 아쉬워 하지만
헤아려 살펴보면 젊은 시절 땀흘린 대가
보상으로 분배받은 현실의 등급을
뉘라서 선불리 평가하고 탓할 수 있으랴
땀 씻어낸 만큼의 선물을

현실이 불만스럽고 짜증스러워도
나 젊어서 그늘만 찾아 땀 피하였음이
후회스럽고 원망스럽지만 이제 와서
슬그머니 돌아서서 얼굴을 붉히고 갖가지
핑계로 팔자니 운이니 패자의 변 늘어놓지만
땀 안흘리고 인내심 없었던 결말

어떤 사람 막론하고 과거를 더듬어
핑계 없는 인생사 다양하겠지만
알고 보면 모두가 땀 없는 안일한 소치
자신에게 물어보고 자문자답 구해 보면
아니라고 자신 있게 답할 자 몇이나 있을까
아무리 악조건에서도 땀은 보배로운 것

볼 수 없고 들을 수 없고 말할 수 없어도
생각할 수 있는 머리 하나만 살아 있는
헬렌켈러 여사도 땀과 노력으로 자신을 개척하여
나름대로 행복의 문 두드려 열어 절망의 늪에서
탈출하는 용기도 땀이라는 보석 없이는
불가능한 존재 그 위력 다시 한번 되새기네

4. 주기로 돌아온 컨디션

사람이 일상을 살아오자면
주기적인 컨디션 리듬으로 찾아오는데
이 시기 잘 조절하면 하던 일 순조롭고
흥이 나고 힘이 나서 운동선수도 기록 갱신하고
능률 오른 갖가지 요인의 컨디션 작용도
머리에서 분비되는 엔돌핀의 작용 원리

인생의 중요한 시기에도 컨디션 잘 조절되면
리듬에 따라 성쇠가 판가름 되고 기복이 숨쉬고
컨디션의 악순환 리듬 타면 비운도 겹쳐
너무나 황당함 언밸런스 피함이
지혜로운 인생사 스스로 조절함이 현명한 삶
컨디션이 부진할 때면 잠깐 휴식 취함도 상책

리듬 맞추지 못한 일 헛수고가 많고
강약을 맞추어 경중을 헤아려 추진함이
실패 없는 길이며 안전한 평탄을 자초한 일
머리에서 선명하게 떠오를 때가 바로
엔돌핀이 생산되어 컨디션이 좋을 때
축적된 노하우 발휘하면 일취월장으로

공부하는 학생이나 글을 쓰는 문인들도
컨디션의 영향 지대하여 명상 잘 떠올라
글도 잘 쓸 수 있고 하던 공부도 잘 풀려
권태롭지 않는 시간 소비할 수 있는 기분
상쾌하게 돌아감도 엔돌핀의 덕택
사람의 컨디션이 인생사를 좌우하네

5. 남녀 결합의 정의(定義)

태고의 결합 아담과 이브 때부터
억겁의 세월 남녀가 결합하여 살아온 역사
종족의 씨앗 보존 이어온 변함 없는 정의
선남선녀 만나 사랑으로 가정 이루고
수레차 만들어 앞에서 끌고 뒤에서 밀며
합심 협력 아끼지 않음이 남녀 결합의 정의

달콤한 사랑 뒤에 도사린 고해의 세파
협력 합심 지혜로 소주(小舟)를 노 잘 저어
네 탓도 아니고 내 탓도 아닌 공동운명체
잔잔한 피안까지 당도했을 때
비로소 잘 항해했노라 남녀동등 외치는 것이
남녀 결합의 진정한 의미에서의 정의

한 편이 지치면 한 편이 돕고 위로하는
공동운명체 되어 서로서로 돕고 헤쳐나가는
알뜰한 사랑 없으면 서로가 이기주의 되고
개인주의 되어 사랑이 식어가서 결합 정의
상실되어 각자 도상되면 비극이 엄습하여
헛된 남녀평등 부르짖음이 동등이 아닌데

인간은 태어나서 남녀를 불문하고 일하는 게 본능인데
요즘 젊은 여자 중에는 농촌을 기피하고 도시로
올라오고 농촌 총각 궁여지책 결합 못해
동남아에서 수입해다 종족보존 양자손 하는
기현상 스스로 여자의 품위를 추락시킴이
여권 신장이고 여자의 우월인지 생각해 볼 남녀문제

6. 구분되는 사람들

사람이 생존하는 데는 먹어야 하는데
여기에 두 가지 조건이 붙고
하나는 살기 위해 먹어야 되고 또 하나는
먹기 위해 살아가는데 여기에 인간과 금수가
차별진 것은 살기 위해 먹는 것과 먹기 위해
사는 것이 목적이 다른 고등동물과 하등동물의 차

무위도식으로 살아가면 백 년을 살아도
먹기 위한 식물(食物)인생 되고 뜻을 세우고
뜻 있게 살아가면 단 50년을 살았어도
생식(生食)인생 되어 오래 기억되는 인간 되지만
아무 뜻도 세우지 못한 우리 같은 초로인생
먹기 위해 살고 있으니 오래 살아 무엇하리요

가치 있는 고등동물은 살기 위해 먹으면서
뜻을 세워 땀흘려 일하는 재미로
성취의 알맹이 오래오래 전승하는데
나 같은 무지몽매한 존재 질로(耋老)의 나이에도
아무런 발자취 찾을 수 없음이 무용지물
오래 산 것이 밥만 축내는 식물인생 부끄럽네

나는 어이하다가 이 나이가 되도록
식물인생 면치 못하고 또한 진수성찬과
호의호식 근처도 접근도 못하고 먹기 위해
살아가는 전략 인생 되니 사람은 사람인데
구분되는 사람 되어 한많은 만년을
기 한번 펴지 못해 서글프기 그지없다

7. 바보로 사는 길

남이 바보라고 칭하면 시기 질투도 없고
착하고 선한 바보가 좋아 따르기로 했네
악랄하게 욕심 부려 살지 못하고
남에게 양보하고 챙기지도 못해서
남들이 바보라 해도 바보짓이 좋아
나는 한사코 바보로 살아가기를 원해

남이 하지 않는 일 자꾸만 자주 하면
남들이 바보라고 비웃을지라도 나는 좋아
외눈 가지고 사는 나라에서는 두 눈 가진 사람은
바보 취급 당해 한 눈마저 뽑아 남들 따르자니
밝은 세상 사리 볼 수 없어 바보로 양보하고
내 것을 주어도 햇햇햇 내 것이 손해 봐도 하하하

한 눈으로만 살아가면 시야가 좁아져 자기 것만
아까워 이기주의로 가기 쉽고 모든 것이
나만이 위주 되어 남을 보지 못하는 오류 범하기 쉬워
두 눈 가진 바보로 사는 길이 훨씬 떳떳해
되도록 양보하고 봉사하고 베푸는 실속 없는 일
택해서 바보로 살아가는 길 얼마나 마음 편한가!

남들이 실속 없다고 바보라 칭해도
양보하며 지고 사는 길이 마음 편하고
부끄러운 일 하지 않으면 그것이 이기고 사는
마음의 승리자 되고 파렴치한 인간성보다
우월하고 진리의 길이기에 남들 바보라 하는
길을 택해 보람 있는 삶 살고파

8. 약점 없는 사람

모든 사람들 저 잘난 우월감과
자존심이 뒷받침 되어 약점 감추고 살아가지만
세상에 약점 없는 사람 어디 있다고
남의 약점 거침없이 토하고 의기양양
으스대는 양심 가증스럽기도 하지만
등잔 밑이 어두운 사실 왜 모르시나요

내놓라 하는 사람들도 알고 보면
털어서 먼지 없는 사람 없는 법인데
사람은 가면을 쓰고 순간을 속이고
커다란 두 눈 뜨고도 자신의 행동 볼 수 없어
남의 눈에 티눈은 잘 볼 수 있지만 내 눈 대들보는
보이지 않는 어리석고 미련한 위선자

성인(聖人)도 한두 가지 허물은 있거늘
하물며 우리 같은 범속들이야 약점 없이
세상살이에서 죄없이 살아갈 수 있을까
반성하고 회개하는 양심으로 용서 받아
그날그날 천지신명 자연에게 뉘우친 마음으로
약점이 적은 길 택해 들어가는 입문(入門)

원래 수신하고 양심 맑게 가는 사람은
남의 허물 혹평보다는 내 행동 돌보며
남을 쳐다보며 스승으로 삼는 지각 챙겨서
그래서 공자도 선악이개오사(善惡而改吾師)라 하지 않았나
사람은 누구에게나 배울 점이 있으니 약점이나
장점이나 배울 수 있으니 모두가 나의 스승

9. 홀로 서는 기틀과 용기

홀로 선다는 것은 독립한다는 것인데
사람이고 나라이고 자주로이 홀로 서기란
인내와 용기와 노력이 기틀을 만들어
주위에 간섭받지 않은 홀로 서는 당당함
역량을 발휘할 수 있는 힘이 생겨야
비로소 독립했다는 자부심 가질 수 있네

불굴의 투지와 인내로 땀으로 얻어진 노력과 용기
축적된 역량으로 세파를 헤쳐나가며
누구도 따를 수 없는 경륜과 이력이
자신 있게 전진할 수 있는 투철한 독립정신
남의 의뢰심 믿으며 힘를 바라보면
언제나 당당할 수 없는 홀로 서기 되네

사고무친한 세상 돌봐 줄 이웃 없어도
자기 할 일 외롭게 헤쳐나가 홀로 선다면
정정당당한 인간 구실한 독립유공자
남들이 일컫고 우러러보고 인정받지만
늦도록 남의 힘 바라보며 기생하는 자세가
자주독립 헤치고 남의 앞에서도 당당치 못해

강인한 투지 없고 투철한 기틀 없으면
조금만 지쳐도 나약하게 넘어지기 마련
이런 의지와 정신으로는 홀로 서기 어려워
견인불발한 칠전팔기의 기틀 가지고
굳게 닫혀 가는 정신 무장 마련이
홀로 서기 기틀 만들고 용기를 얻어 사람 구실 하네

10. 보람 있는 일상

일손 접고 나이 들어 허구한 나날
소일거리 찾기 힘들어 자구책 챙기려고
노인정 복지관 공원 등으로 전전한 일상
부지런히 다녀도 즐거움도 없고 보람도 없어
몸이라도 불편하면 혼자서 누워 천장만 보고
하루의 소일거리가 막막하고 쓸쓸한 난중난사

눈이라도 건재하면 신문과 책을 읽으며
시간을 보냈는데 돋보기를 쓰고도 잔글씨가
둘로 보였다 셋으로 보였다 어른거려 안 보였다
이런 시력으로는 글씨도 읽을 수 없으니
TV나 라디오를 켜 봐도 80데시벨로
소리 높여야 귀에 감각 있으니 이 또한 공해가 되고

망구(望九) 된 나이에도 품위 있게 소일하는 일
젊은 시절부터 서화나 글 쓰는데 종사한 사람
작품에 몰두하면 시간도 빨라 소일도 잘 가서
지루함을 모르는 보람 찾지만 그러지도 못한
무재능 무취미 자는 친구 찾아 노는 것도 하루이틀 뿐
자신이 창출한 일상 없으면 보람도 찾지 못한 노년들

자신이 감당할 수 있는 소일거리 찾아서
공부한다는 새로운 의욕 가지고 시작한 일
시간도 잘 지나가고 취미도 생겨나니
그것으로 만족하고 지속할 수 있다면
만년(晩年)의 낙도(樂道) 이러한 소일거리가
다시 없는 보람 있는 일상이 아니겠는가!

11. 보석 같은 땀

누군가가 말했듯이
땀은 성공의 모체라고
방울방울 흘러나온 땀방울 진주알 같고
이 진주알이 결실 맺어 성공을 잉태하니
땀은 노력으로 이루어진 결정 땀 흘리지 않으면
성공의 역사에서 찾아보기 힘들어

근면과 노력은 땀의 보석으로 용해돼
성취의 영광으로 변상 변화되어
세상을 어려움 없이 만들 수 있고
옛사람들도 일근천하무난사(一勤天下無難事)라 하지 않았던가
한번 부지런히 땀 흘려 일하면 이 세상에
어려운 일이 어디에 있겠는가

동화에 나오는 개미와 베짱이 우화에서도
우리의 근면과 태만을 그려내고 있지만
노력과 안일의 결실이 이렇다 하는 것을
우리에게 시사하고 경각심을 주고 있는데
땀의 귀중성을 인식시켜 일을 하면
잘 살 수 있고 놀면 배가 고픔을 알려주는 일화였네

땀과 보답은 비례된 선물이고
노력한 만큼 보상받는 세상사
땀을 많이많이 흘려 저수지 만들어
두고두고 퍼다가 인류복지에 공헌하고
이바지하는 인재 되어 최후에 빛나는
월계관 머리에 쓰고 땀의 보석 과시해 보자

12. 우리 아이들에게

밝음을 찾아 칠흑같은 아물한 세월들
너무나 고달프고 막막하고 힘이 들었기에
너희만은 밝은 세상 순탄한 길로
마음 조림 없이 유유히 걸어가기를
둘이서 희망 주고 발판이 되어 주려고
3남매 한결같이 키우던 시절

시장에서 파장에 사과 몇 개 사다 줄 때도
저울로 달고 모양도 닮은 것 골라서
셋이서 똑같이 공평성 가르쳐 편애 없이
너희들 배울 수 있는 데까지 자율성 주어서
재량권 부여함은 부모의 숙원이 가져다 준 바램
분골쇄신 되어도 배움에 뒷받침 되려고

동분서주한 부모와 자식의 생각은 동상이몽
세대가 달라 생각도 각각 꿈도 각각이고
학사 석사 박사로 배움을 마무리하고
제 할 일 열심히 하며 살아가는 삶이
부모의 안도의 긴 한숨 내쉬며 풍요하지는 못해도
전철 밟지 않는 희망에 발을 뻗을 수 있구나!

이제 너희들은 다행히 밝은 탄탄대로를
열심히 마음 놓고 걸어갈 수 있으니
부모 마음 홀가분하고 남혼여가 화락가정
양자손하니 부모 채무 다 벗은 기분으로
엄마 아빠 여생 홀가분하게 보낼 수 있구나
이 모든 은총 겸허하게 받아들여 감사하게 살고 싶다

13. 강한 우리 엄마

우리 엄마는 여걸 남자인데 반해
우리 아버지는 구중궁궐의 요조숙녀
이상이 안맞아도 50여 년 해로한 셈
윤참서(尹參書) 셋째 딸로 열여섯에 부잣집으로 시집와
두 살 아래 남편과 큰살림을 시부모와
감당하고 억척같이 꾸려나간 여걸 남자

연약한 어린 선비 남편 제쳐두고서
경륜 있는 시부와 죽이맞아 큰살림 휘어잡고
가솔 거느리며 고되고 지침도 없이
기호승 많아 남에게 뒤지고는 못배긴 억척부인
성격은 괄괄해도 인정은 메마르지 않는 스케일 큰손
자녀를 12남매 낳았지만 절반을 잃고도 강한 의지의 여인

가운이 비색해 재산을 날리고 길거리에 나앉아도
절대로 기 죽지 않고 씩씩한 자세로 다음을
모색하는 좌절 모르는 씩씩한 여걸 남자
귀족의식 찾아볼 수 없는 무소불위의 정신으로
무에서 유를 창조한 투지 누구도 따를 수 없고
50이 지나서도 밭으로 갔다 논으로 갔다 길쌈을 배우고

식구들 의식주 자급자족 돕는 능력 가진 여인도
중년에 일조일석에 거지 되는 쇼크가 화병이 되어
이를 치유 못해 주기적으로 일어나는 히스테리 증세가
일어나면 물불을 가리지 않고 주위사람이 곤욕 치르고
그 증세 가라앉으면 평온상태 됨을 누구도 이해하지
못하지만 나만은 그 과정 목격하였기에 이해를 하였네

14. 선하고 순한 울 아버지

부잣집 귀동자로 우리 조부님 기대와 사랑을 안고
구한말의 개화의 소용돌이 속에서도
어두운 산골에 파묻혀 변상 변화도 모른 채
알선 급제 청운의 꿈 싣고 30년 한학 수학
일편단심 하다가 뒤늦게야 무위로 돌아감을 알고
남은 2세 교육 위해 서둘러 도시로 이사 나오니

백면서생 속여 먹기 쉬운 도시에서 겨우 10년을 버티고
지주재산 하루아침에 날리고 조석거리가 없는
걸인신세 누구를 탓하랴 자신의 어리석음을
그래도 울 아버지 귀족의식 버리지 못하고 곤궁을
이기지 못하고 투정부리면 우리 엄마 힐책으로 하신
말씀 무항산(無恒産)이면 무항심(無恒心)도 모르셨나요!

이 아픈 말에 울 아버지 아무 말 못하시고 속으로
끙끙대시며 가난을 삭히지 못하시고 흉년 들어
보리밥으로 연명할 때는 몸에서 받아들이지 못해
곤욕을 치르다가 겨우 환갑을 넘기시고 세상을
뜨시니 오호라 슬프도다 약 한 첩 못 써보고
가난을 이기지 못해 저 세상으로 떠나시다니

이러한 세상사의 비극 자업자득이라기보다는
부모가 귀엽다고 금이야 옥이야 한 지각 없는 육성이
거친 세파 예상 못한 짧은 안목이 가져다 준 비극
우리는 거울 삼아 가난을 이겨낸 덕은
부모의 유산이 없기에 가능하여 자립의 기틀이 되고
울 아버지는 부모 덕으로 한때는 호강 한때는 비극

제 6 장　黃昏의 아름다움

1. 나이와 더불어 마음도 순하게

공자님도 나이 60에 귀가 선해졌다는데
남의 어떤 말 들어도 가리지 않고
거스럼으로 들리지 않는 선한 귀로 바뀌어지고
우리 같은 속인도 질모(耋耄)의 나이 되어서야
사나운 기(氣) 용해되어 남의 말 선하게 들려
부정이 긍정으로 변화되는 심성이 되어 가고

노인 나이 접어들면 스마일의 얼굴로
만면에 희색 띠고 부드러운 유머로
아들 손자 딸 며느리 가족 대하면
화기애애한 분위기 조성되는데
할아버지 할머니 얼굴 굳어 말이 없으면
어두운 가정 그늘만 드리워져 가네

젊은 시절에는 시시비비 가리려고
말도 많았지만 나이 든 긴긴 세월의 풍상에
산전수전 야전 속에 많은 지혜 생겨나
중대사 아니면 되도록 스트레스 피함이
건강을 위하고 나를 위하는 최선의 가치 되고
모두모두 나이와 더불어 선한 마음으로 돌아가세나

나이가 들면 의욕도 줄어드니 많은 접촉 삼가하고
예가 아니면 기피를 하고 행하지도 말고
언제나 스마일로 껄껄 웃음 습관 들이는 일
만사를 태평성대 마음 편안하게 가짐이
그동안 풍부하게 축적된 지혜의 소산을
늙어서 사용하는 것이 순하고 선한 마음이 아니겠는가

2. 내가 사는 마을

내가 사는 마을은
마을 들판의 한 자락 공동주택촌
단독주택 선호해 살다가 만년에 택한 보금자리
청솔나무가 그려진 고층 공동주택인데
불암산 수락산 도봉산 북악산이
동서남북으로 호위하고 중랑천이 긴 칼 차고

이곳에 처음 이사 왔을 때는 그래도
사방 수려한 산 보여 아침 기분 상쾌했는데
지금은 서쪽으로 콘크리트 장벽 가로막아서
북악산과 도봉산은 자취가 숨어버리고
동편에 수락산과 불암산의 경치 바라보며
자연 경관 반감 속에 살아가는 마을

10년이면 강산도 변상된다는데
비 온 뒷날에는 사방 산들이 손에 잡힐 듯했는데
지금은 한편 산들만 볼 수 있어 마음 아쉽고
변두리지만 1호선 4호선 7호선이 닿은 곳
시영스포츠센터와 대형마켓이 바로 옆에 있어
서민생활 살기에는 불편 없는 살기 좋은 마을

앞으로 환승 전철 신역사 준공되면
각종 생활 오락 편의시설 생겨나고
서울의 중심가 못지않은 불편 없는 마을 되어
멀지 않은 장래에 한강에서 이곳까지 요트가
오가는 기적의 운하가 그림같이 생겨나면
살기 좋은 마을 되면 오래오래 살고파

3. 회자정리

이 세상에 한번 만난 사람 언젠가는
반드시 헤어진다는 철칙 속에 살아간
우리들 전생에 인연 있어 만날 수 있다니
만나서 헤어질 때까지는 서로가
귀중한 순간이고 아름다운 인연
그러나 무심코 살아온 우리들의 인생사

어제의 친구들 하나하나 사라져 가고
살아 있는 동안도 떠날 때가 되면
헤어진다는 전제 아래 회자하는 인생사
알면서도 무심히 대하는 일상의 상봉
한번 헤어지면 만나기 어려운 인연
서로서로 귀중히 여겨 후회 없는 현재를

평생을 살면서 만났던 인연들
그 수가 과연 얼마나 될까 불가에서는
옷깃만 한번 스친 인연도 전생에 오백 번
만나본 인연이라 하는데 수시로 만난 인연
억겁세월 깊은 인연인데 얼마나 중대한가
헤아려 살아감이 현명한 인간사

회자정리의 일생사 내일을 알 수 없어
만나고 상대한 오늘이 중요해
뒷날 뉘우침 현재의 물 한 모금만 못하니
잠시의 만남도 소홀히 여길 수 없고
기꺼이 상종함이 인간의 도리
어차피 사람은 회자정리 안에 살고 있으니까

4. 낮추면 높아지는 몸

우리처럼 우매한 사람들 행여
몸 낮추면 자존심 추락할까 봐
애써 추켜올리려고 거만 피워 으스대지만
자기 몸 높이면 오히려 추락이 되고
낮추고 겸손하면 반비례 높아짐을
몸 낮춤과 자존심과는 별도의 무관심인데

사람들 앞에 혼자 잘난 척하는 것은
알고 보면 모두가 열등의식의 발로
참으로 뜻이 깊은 인품은 자기 몸 낮추고
겸손한 자세 유지함이 잘난 사람이라고
사람들이 일컫고 우러러 보는 일
존경받기 위해 겸손의 지혜 배워나 보세

경솔하고 경박하면 매사에 불만이 많고
신중하고 겸손하면 범사에 감사한 마음
만사에 부족함을 수양과 인내로 메꾸고
표리가 다르지 않은 행동거지를
평생을 지속한 굳은 신념과 진심이
위선이 아닌 겸손의 길이 아닐까

일시적인 거짓 몸 낮춘 처세나
자신이 자신의 몸 높이는 언동은
모두가 사람을 속으로 웃기는 꼴불견
자신의 몸 한 단계 낮추고 세상 살아가면
적이 없이 태평성대 누릴 수 있는 보배
우리는 겸손을 배워 몸을 낮추어 보세

5. 남은 여생 보람 있게

남은 여생 얼마인지는 몰라도
지금까지도 열심히 살아온 인생
알맹이 없는 것은 분복에 맡기고
남은 여생이라도 알차게 살고파
자력갱생 정신으로 할 수 있는 일
소일거리 찾아 보람 있게 안빈낙도 찾는 길

젊어서 여가 없이 하고픈 일들
늦은 말년 여가 있으니 숙원의 배움의 길
스스로 글 읽고 글 쓰고 하여도 능률 없어도
재미나는 소일거리 찾은 것만이
지루하지 않는 노년 보낼 수 있음이
즐길 수 있는 보람이 아니겠는가

젊은 청춘 여유 있게 보람찬 인생은
늙어서까지 힘들일 필요 없지만
우리 같은 양면으로 굶주린 존재는
늦게라도 보충하고 자가만족 취함이
번거롭고 힘들고 한가롭지 못해도
만년지학 자초희열 하수가지(晩年之學自招喜悅何誰可知)

인생은 어차피 미완성의 하모니인데
일찍 달하고 늦게 달함이 대수랴
세상을 알고 떠나면 모두가 동창생
이르다 자만 말고 늦었다 낙심 말고
꾸준한 배움의 길 소홀히 하지 않음이
여생을 불행 없이 보낼 수 있는 보람의 길

6. 부부 해로

서로 사랑하여 맺은 남녀의 인연
오순도순 한평생 살고 지는 동안
모두가 다 이상에 들어 지내온 것은 아니지만
정 들고 가는 세월 막지 못해서
검은머리 하얗게 눈이 내리면
사람들 백년해로한 노부부라고 이름 붙이네

오륙십 년의 기나긴 광음 바뀌면
부부해로 했다고 자처하지만
그 속에 희비애락 만고풍상 곁들이지만
괴로울 때나 즐거울 때나 바늘과 실 되고
일심동체 협력으로 가정을 이루고
사랑으로 양자손 했으면 부부해로 했다고

원수야 악수야 하고 살던 부부도
한 쪽을 잃은 외기러기보다 외롭지 않고
아무리 굴곡이 심한 부부지간도
외로운 슬픔보다는 감당하기 쉬우니
참을인 자 하나로 부부해로 한다면
백년가약 보람 있어 말년이 외롭지 않네

젊은 청춘 금실 좋은 부부도
중년도 못되어 찌우락 짜우락 투정부리면
고무신 거꾸로 신고 갈라지기 십상이고
그래봐도 행운의 파라다이스 보장이 없고
백년해로 못한 오명만 처지니 차라리
애로점 인내하고 부부해로함이 인생사라네

7. 영주(瀛洲) 땅이 어디메냐

옛날 옛적 선비들이 갈망하던 희망의 땅
에덴의 동산이요 유토피아는
신선들이 선유한 선망의 무릉도원
옛 부자들 욕망에 놀고 선비들의 붓에 노닐고
신비 그려내 마음 풍요로움 만끽하고
찾아내지 못한 상상의 꿈의 땅 영주

천지를 거머쥔 무소불위의 진시황제도
불로초 구하려고 영주 땅을 찾아서
모든 충신 노복 풀어 찾아 헤맸지만
결국은 찾지 못해 무덤궁궐 만들어
영생 패권 허망한 꿈을 탐하고 말았네
이상향 영주는 먼 곳에 있지 않고 가까운 자기 마음에

파랑새 동화에 나온 찌루찌루미찌루도
행복의 파랑새 찾으려고 영주 땅
온 천지를 찾아 헤매었지만 결국 포기하고
실망하고 돌아와서 실컷 잠을 자고
아침에 창문 열고 정원을 내려다 보니
나뭇가지에서 파랑새가 행복을 노래하고 있었네

아무리 고달픈 현실에서도
행복의 이상향 영주는 멀리 있지 않고
아무리 천하를 뒤지고 헤매어도
현실의 마음에서 찾아야 할 실존의 산물
상상의 그림의 낙원보다는 마음의 영주가
성실하고 진실한 삶이 무릉도원 찾은 영주 땅

8. 뿌리란 개념

뿌리 없는 존재 있을 수 없고
사람도 조상의 뿌리 있어 대대로 뻗어내려
나무도 뿌리가 실해야 번성하듯이
사람도 뿌리가 든든해야 종족 보존 이루어지고
뿌리 개념 소홀하면 긍지 가질 수 없고
과거를 모르면 현재도 희미할 수밖에

이백 년 전에 미국 흑인 노예로 끌려와
갖은 학대와 슬픔을 겪었던 킨타쿤태도
깊은 한을 남기고 저 세상으로 사라졌지만
그로부터 6~7대 손자가 루쓰(Root) 찾아서
세상에 알리고 과거사 인도(人道)에 호소하게 되니
조상의 뿌리도 천추의 한을 풀지 않았는가

뿌리에 무관심한 자손은 산다는 것이 무의미해
어디서 왔다가 어디로 가고 있는지도 몰라
조상의 굴욕과 영광은 고사하고
뿌리의 역사를 알아야 온고지신 찾을 수 있어
자신의 거취에도 도움이 되는데
현대인들 "Root" 찾는 데는 등한한 존재

그러나 뿌리는 우리에게 중요한 선물
우리의 조상은 몇년 전 어느 때 존재이고
명문대가의 존재 아니면 어떠랴 조상의 뿌리
사라진 조상의 영광보다는 현재의 내가 더 중요해
과거 영광에 얽매인 족보 개념보다는
대대로 이어온 순수한 뿌리 개념의 족보되기를

9. 불효의 회한(懷恨)

사람이 나이가 들수록 부모님 생각 떠올라
나무는 무심하게 고요하고 조용히 서 있고 싶지만
애꿎은 바람 잎새를 흔들며 그치지 않고
늦게야 모처럼 부모님 봉양 생각나 찾아봐도
기다려 주지 않고 먼 길 떠나셨네
옛사람 시 한 수에 눈물 적셔 보네

예전에 어버이 살으실 때 섬길 일이랑 다하여라
시를 읽을 때는 아무 뜻없이 읽어 본 것이
이제 와서 생각하니 그 깊은 뜻 실감이 나고
철없이 보냈던 시절이 알알이 후회스러워
다시 그 시절 돌아왔으면 하는 간절한 심정이
옛사람들도 이런 심사로 시를 읊었겠지

지나간 부족했던 세월 백 번을 뉘우쳐도
다시 돌아올 수 없는 어버이 영전 앞에 꿇고
소용 없는 각성 백만 번 외쳐도 대답이 없네
늦게야 돌아온 못명한 지각과 깨달음
남아 있는 여생 불모로 용서를 빌며 살아감도
어버이를 위함이 못되고 나를 위한 것일까

그래서 옛사람들도 말하기를
노인이 되어 봐야 노인을 알 수 있고
역지를 겪어 봐야 역지를 파악할 수 있다고
실제로 체험하지 않고도 헤아린 사람
현명하고 지각 있는 사람 부모님 뜻을 살펴
미리 행해 드리는 효의 근본을 아는 효자임을

10. 팔순맞이

내가 어릴 적 팔순 노인을 맞이하면
노인 중에 노인이고 꼬부랑 할아버지 할머니인데
오늘 내 나이 팔십이 되니 노인 중 노인일까
생각하면 화살 같은 세월이 여기까지
지금은 팔순이 되어도 극노인 없고 머리에
까맣게 물들이고 보톡스 주사 덕에 주름살 펴니 60대

예전에 비해 수명 늘어 8~90대가 흔하고
큰병 아픈 데만 없으면 활동이 가능해
60세 은퇴면 아쉬움 많아 수명 연장 보람도 없네
80년 세월 까마득하게 생각했는데
닥치고 보니 그리 멀지않고 생각은 지금도
이팔청춘 여전하지만 몸과 행동 따르지 않네

요즘 의술 좋아 나와 같은 빈차리도
팔순 맞게 되니 감개가 무량하고
오늘까지 무엇을 했는지 호구지책밖에
내세울 것이 없으니 허무하기 그지없고
부끄러운 생애 지하에 갖다 숨겨서
다음 자손에게 밑거름이나 되고 싶은 심정이네

호호백발 병든 노구된 오늘
두문불출로 팔순을 맞이해도
지난 걸어온 나그넷길 아스라히 관조하고
책 몇 권 쓴 것으로 위안을 삼으며
순탄치 못한 긴 질곡 슬픈 추억의 기념비 삼아
평생을 같이 한 동반자와 마음을 함께 하리

* 빈차리 : 빈약한 몸이란 뜻의 방언

11. 선인들이 할 일

우리 앞에 떠나간 많은 선인(先人)들
우리들 위해 가진 업적 남겨 놓으시고
오늘의 화사한 꽃 피우게 만드셨으니
우리 또한 다음 후인(後人)들 위해
무엇인가 도움된 일 남겨 주어야
미래의 세대 더욱 밝아오지 않겠나!

지금까지의 밝은 문명도 이러한 이어옴으로
선인들의 유덕의 덕인데 우리 모두 후인 위해
하나라도 남김 주어야 미래에 작은 공헌이라도
보탬이 되어 오늘을 살고 갔다는 흔적이 되고
책임을 다할 수 있는 선인이 될 것이다
사람의 가치는 먹과 종이 중에 하나라도 남기는데

창조란 위대한 업적도
옛부터 이어온 온고지신의 맥 없다면
발전할 수 없으니 실마리 제공해 줄
티끌만 한 작은 도움이라도 주고감이
미래를 위해 새로운 지혜가 되고 지식이 되어
후손 만대 번영될 수 있게 인도하는 길

이만하면 배울 것 배우고 할 일 다 했다고
자만하지 말고 하던 일 꾸준히 발전시켜서
후계자에게 전승시켜 대를 물리는 마음
발전은 끝이 없고 영구(永久)한 과제
보다 나은 다음 세상 발달을 위해
우리 모두 열심히 공을 쌓아놓고 떠나세

12. 우리 집 군자란

우리 집 군자란 나이가 방년 20세
베란다에서 버르데기처럼 살면서
일주일에 물 한 모금 마시고 건강하고 의젓하게
군자다운 품위 유지하며 부잣집 맏며느리처럼
무덕한 자태로 많은 잎사귀 거느리고
분갈이도 없이 한집에서 이팔청춘 보내고

봄이 되면 자식과 같이 나란히 꽃대 올라와서
주황색 예쁜 꽃 보름동안 주인에게 선 보이고
번식에 힘써 이파리만 30여 개 무성하게
열대성 식물답게 청록색 자랑하며
소탈하게 살고 있는 군자란은 우리 집 명물
생명력 강해서 추위만 보살피면 자립심도 강해

가을에는 집을 구해 분가를 시켜서
새주인 찾아 시집을 보내야 하겠는데
웬만한 집에 시집가도 적응력 강해
다른 난초에 비해 까다롭지 않는 게
사람들의 호감이 가는 군자란의 생태
투박질감이 서민들의 화초인가 보다

각종 난초 중에 제일 잎새가 커서
천대받고 괄시받지만 그 군자다운 몸매가
마음에 들어 한집에서 오랜 기간
주객이 되어 아무나 키울 수 있는 화초
삭막한 아파트에서도 별 투정 없이
물 한 모금씩 먹고 살아가는 군자란 고맙기도 하네

13. 선견지명(先見之明)

선견지명은 아무나 가질 수 없는 망원경
앞날을 가까이 내다보고 예측할 수 있는 식견
많은 경륜과 풍부한 지혜 갖추어야
닥쳐 올 위난이나 재앙을 대비할 수 있고
안전한 우리 삶 영위할 수 있건만
누구나 가질 수 없는 선견지명은 높은 경지 있어야

율곡 선생 임란 전에 선견지명 있어 나라에
10만 양군 강력 주청하였건만 우매한 군신들
소홀히 여겨 급기야 미증유의 국난 맞아 왜병에게
천추에 한을 남긴 백성이 도륙되는 수모 당하고
다산 같은 실학자들 밀려드는 시대 변천 내다보고
개혁 시도하다가 때묻은 수구파의 반발로

두메산골로 쫓겨가 18년 귀향살이 하니
그 선견지명도 무위로 돌아가 결국은 나라에
문을 걸어 잠그고 외부의 인사 못들어오게 함이
애국애족 살길인 양 우물 안 개구리 되어
일본에게 송두리째 나라 빼앗겼음은
선견지명 있어도 군신(君臣) 백성이 우매한 탓

아무리 탁월한 선견지명으로 개도를 하여도
알아듣지 못하고 깨닫지 못하면 사후에 약방문
만시지탄 통곡하여도 이미 가 버린 허무한 강산
우리 같은 범속인도 조금만 지혜 있는 선견지명으로
젊음을 보냈다면 늙은 말년 막막하지 않고
여유 있는 사람 구실하고 안빈낙도 모색할 텐데

14. 저녁노을이 아름다운 이유

하루의 일 마친 장한 해님 수고했다고
술 한잔 마신 얼굴 서녘 하늘까지 붉게 번져
아름답게 퍼져 저녁노을이 되어
정확을 지키며 동서를 오가며
산 넘고 바다 넘어 저쪽 세상으로
장엄하게 넘어가는 그 모습이 황홀해

영구불멸 억겁의 나날을 하루도 거름 없이
광명을 공급하여 만물에 혜택 주고
조석으로 노을 환영 받으며 출퇴근 하셔도
이날 이때 무보수 무보상으로 일하시는
그 모습 그 자태가 얼마나 장하고 아름다움인가
그 업적이 존경스럽기만 하고 자연의 위대함이여

무한의 시간을 지치지도 않고 하늘에 떠서
지구의 자전을 순시하면서 그 빛과 열로
온도를 조절해 사계절 만들어 주신 해님
자연의 섭리로 행하시는 위대한 그 모습
아침에 장엄하게 솟아오르고 저녁에 아름답게
빠져드는 일과가 너무나 거룩해 보이네

인간도 삶을 태양과 같이
일생을 변함없이 일을 마치고
늙은 만년 주변을 아름답게 장식하고
황혼을 곱게 물들이고 서서히 가야 할
저 세상으로 옮겨간다면 얼마나
멋이 있고 떳떳한 인생의 일생이냐

제 7 장　落照와 나들이

1. 소쇄원(瀟灑園)을 둘러보며

서석산 기슭 자락에 자리 잡은
원림 속에 묻혀 있는 소쇄원
죽림과 산림도 울창하고 정자도 여러 곳 있고
그 옛날 기묘사화에 스승과 같이 삭직 당해
은거하며 처사로 시와 풍월로 세월 보낸 소쇄장
뜻 있는 호남 선비들 찾아와 시를 읊으며 선유한 곳

이십대 약관에 등과하여 정암 스승과 뜻을 같이 하여
개혁정치 시도하다 도퇴당한 소쇄장(瀟灑丈) 선조님
이곳 처가에 귀향해서 산림 전원 만들어서
여러 곳에 정자 짓고 개울물 가둬 고기 기르며
선비들과 선유하던 흔적 정자 현판에 남아 있어
오가는 나그네 발을 멈추게 하네

양산보 소쇄공 우리 선조님께서는
벼슬에 염증 느껴 산림거사로 초야에 묻혀서
도내 선비 기대승 임억령 김인후 고경명들과
학문을 논하고 시를 읊으며 한세상 시름 보내고
내외종 간의 김인후와는 특히 죽이 맞아서
나중에 아들 딸까지 교환한 특별한 인연 가져

소쇄원 빼어난 경관을 보면서 옛시인들
정자에 앉아 풍류를 즐기며 환담으로 세월 보내고
그 중에서 김인후의 소쇄원 사십팔영(四十八詠) 시가 유명해
지금까지 전해져 내려와 후학들의 귀감이 되고
모두 50대 단명했지만 후세에 이름 남기고
소쇄원의 이름 길이 기억되리라

2. 녹우당(綠雨堂)에 들러

우리나라 남단 해남의 연동마을에
고산 윤선도의 유서 깊은 생가가 있어
모처럼의 마지막 나들이에 옛시인의 생가 찾아
녹우당을 보려고 천 리 길을 단숨에 달려
휠체어에 몸을 의탁하고 명당집을 관람하니
가사문학 태두인 윤고산의 전시관도 볼 수 있었고

효종의 사부로 하사받았던 수원에 거대가옥을
이곳까지 옮겨다 천축한 지 400년 전의 역사
긴긴 풍상을 고스란히 14대가 이어온 종갓집
종손들이 보존해 내려온 명당집 녹우당
해남 윤씨 윤고산 종갓집 옆 산소가 명당으로 보여
호남에서도 보기 드문 모범종갓집

400여 년간 가문을 지켜온 장손들
우여곡절도 있겠지만 한결같이 군건하게
가문을 지켜 내려온 14대가 집안을 보존하고
전통의 맥을 이어가는 조상을 빛낸 가문
남들이 우러르고 부러워함은 좋은 일 많이 한
명당집 아니면 어렵지 않을까!

윤고산 보길도 귀향살이에
우리나라 가사문학 한 획을 그었고
어부사시사와 오우가를 비롯해 많은 작품을
보길도 귀향살이 15년이 전화위복 되어
일생 일대의 작품 이곳에 남기니
대대손손 선형의 지혜 받들어 가문을 지켜 왔네

3. 필암서원(筆巖書院)

호남 거유 하서 김인후 선생을 기리는 필암서원
내가 어릴 때 뛰놀던 곳 장성군 황룡면 필암리에 소재하고
그 도학 군자 기풍 기리기 위해 후학들이
세운 서원인데 한말 대원군 시절에도 없어지지 않고
18현 가운데 하나 나라에서도 그 학덕 기려 문묘에
배향하고 공자님과 함께 춘추로 제향을 지내고

하서 김인후 선생은 일찍이 학덕 인정 받아
인종의 사부님으로 인종이 단명하여 일찍 승하하자
불사이군 내세워 옥과 현감 그만두고 초야에 묻혀
후학을 가르치며 시와 풍월을 벗 삼아 술을 즐기며
가사문학에도 조예 있어 절로절로 시 남기고
50생애 마쳤으나 결코 짧지 않은 명성 남기고

서원 안에 들어서니 옛날과는 달리 보수도 잘되어
경내도 넓어지고 교통길도 나아져 변화된 모습
옛날 선친께서 유림 대표로 선정되어
제향 모실 때와는 판이하게 달라진 필암서원
외관은 달라졌지만 내부는 여전히 선생과
사위인 양자징 선생의 위패가 나란히 안치되고

60년의 세월이 이렇듯 몰라보게 변화된 고향
어린 시절 친구들과 당지기 몰래 서원에 들어가
술래잡기 하던 시절이 그리워 찾아본 서원은
그 시절 서원이 아니라 관광의 명소가 되고
보학에 뜻이 있는 나그네 발길이 멈추지 않아
문불여 장성(文不如長城)의 맥을 이어가고 있었네

4. 고산서원(高山書院)

장성 땅 진원면 고산리 불태산 아래
성리학의 호남 거목 노사 기정진 선생을 기리는
서원 있어 들러보니 아담한 한옥에 조촐하게
위패 모셔져 춘추로 지방 유지 선비들 모여
제향 올리고 선생의 투철한 유리철학(唯理哲學) 기리며
성리학의 학문 이해에 도움을 나눴던 곳 둘러 보았네

조선 시대 성리학의 전파기를 누빈
서화담 이퇴계 이율곡의 열띤 주장 있었다면
후반기 성리학의 뚜렷한 맥을 이어간 3인은
임녹문 기노사 이한주가 뚜렷한 저서 남겨
각자의 주장을 펴니 명실공히 조선 시대와
6대 이기철학(理氣哲學)의 성리학자로 손꼽히네

청나라에서 왔던 사신 한 명이 우리를 얕잡아 보고
어려운 퀴즈 문제 내니 장안의 많은 선비들
이를 풀지 못해 고민하는데 누군가 장성에
기노사를 지목하여 달려가 자문을 구하니 기노사
빙긋이 웃으며 무애 이것도 퀴즈냐며 장난이
너무 심하다며 조선(朝鮮)이란 해답을 주더라

말을 달려 해답을 중국 사신에게 전하니
조선에도 인재 있다고 경탄했는데 그 뒤에 서울에는
장안만목이불여장성일목(長安萬目而不如長城一目)이라는
일화가 생겼는데 이는 기노사 선생 일목이
실명되어 스승이 없이 혼자의 독해력으로
격물치지(格物致知)의 경지까지 이룬 명석한 학자님

5. 늦은 고향 나들이

여시도 죽을 때가 되면 코빼기를 저 낳은 굴로
향하고 간다기에 사람이 고향을 잊고서
갈 수가 있느냐 싶어 80이 되어서야
장애인차 대절하여 휠체어에 몸 실어 낙조의
고향나들이 1박 2일 일정으로 조급하게 서둘러
서해안 고속도로 천 리 길 신나게 달려본 고향 길

전라도 경계에 들어서니 산도 많고 터널도 많아
길에 보인 야산에는 묘 치장 잘해 놓은 효자도 많아
사후 눈요기보다는 생전에 계란 한 개 봉양이
돋보이는 효심 분묘 사치는 누구를 위함인지
토요일이라 목포까지 6시간 해남까지 8시간 걸려
일정 약속에 쫓겨 볼 것도 못보고 달리는 고향 나들이

유달산에 올라 삼학도 내려다 보며 어린 시절
추억도 더듬지 못하고 이번에는 우리 엄마 친정
강진의 귤동마을 구경하고 다산 초당도 겸해
들러 오려고 마음 챙겼는데 생각과 시간은
동떨어져 아쉽고 서운함 마음에 새기고서
땅만 밟고 달리는 차마간산(車馬看山) 낙조의 고향 나들이

그래도 석양에야 아버지 고향에 와서
20여 년 만에 늦게야 선현들 묘에 성묘 드리니
늦게나마 마지막 나들이가 무의미하지 않고
시간 일정 쫓기는 일정에서도 이만하면
여우에게 뒤지지 않는 마지막 긍지 되고
일몰 전의 여행 길 아쉽지만 보람으로 삼았네

6. 한식날 성묘 길

두문불출 10여 년 세월 바깥세상 구경 못해
고향 길 막혀 조요 부모님께 성묘 드리지 못하고
낙조의 나들이 한식에 맞추어 손자들 데리고
성묘 길 나섰지만 석양에서야 숙부님댁 당도해
차에서 휠체어 내리니 숙부님 달려오셔서
눈물로 상봉하며 죽기 전에 만나지 못할 줄 알았는데

우리 선조님들께서는 이곳에 자리 잡고 대대로 이어 오다
조부님께서 형세 이루시고 주름을 펴시던 고향
지금은 모두가 도시로 흩어지고 숙부님 혼자 남아
고향 집 지키시고 선조님들 유택 지키시고
90고령 무색하게 딸딸이 오토바이 타시고
읍내로 게이트볼 하시고 소일 삼아 지내시는 여생

바로 뒷동산에 할아버지 아버지 내외분들 산소 있어
가족들 올라가 성묘 드리고 나는 휠체어에 몸 실어
길에서 묵념 기도가 성묘를 대신하니
지금까지 마음에 간직했던 앙금 가신 듯하지만
형식에 얽매인 성묘 인사보다는 살아계신
선현이 더 중요함을 느끼고 성묘 길을 마쳤네

돌아오는 길에 우리 중시조 학포 공의 사당에 들러
인사드리고 또 아드님 참이 공 묘소에 성묘할 예정인데
만찬에 참석할 시간에 밀려 하는 수 없이
허둥지둥 약속 장소 찾아가니 우리를 기다리는
친척들 우리 일행 기다리며 반가히 맞으며
나의 팔순 생일 뜻 있게 보낼 수 있었네

7. 식영정(息影亭)을 구경하며

서석산 서편 자락에 성산별곡 사이에 두고
그늘도 쉬어 가는 석영정은 담양의 선비 김성원이
만든 정각 정원인데 경내 산림 수려하고 빼어나
능선에 올라 바라본 성산의 계곡 아름답고 일품이라서
그 옛날 송강 정철도 이곳을 무대로 가사문학
성산별곡 노래를 읊으며 잉태한 명승 고장

서하 김성원은 시를 좋아했고 스승이자 빙부가 된
석천 임억령 선생님께 바친 곳 선비들 모여서
학문을 논하고 시를 읊고 선유하던 곳인데
스승인 석천 임억령 선생 담양 현감 팽개치고
시를 짓고 풍월 읊는 재미로 도내 선비들 이곳을
출입하면서 어지러운 세상 등지고 글을 짓던 곳

경내 울창한 산림을 바라보며 500여 년을
버텨온 노송들은 선비들의 시들을 뿌리로 음미하며
몸과 잎새로 노래하지만 무심한 사람 귀에는
들리지 아니하니 금석 격세지감이 멀기도 하구나
스승님 사모하고 사위가 되어서 보필하던 정성
사제지간의 천추에 의리 되어 길이 빛나리

소쇄원과 가까운 거리에 있어 서로가 빈번히
학문과 시를 나누면서 한담 설화 술로 나누며
한평생 신선의 삶 무릉도원이 따로 없어
이곳이 호남 선비들 학문과 시의 전당되고
임억령 선생 식영정 20영(詠) 시가 오늘까지
아득한 그림자에 쉬어 읊어가고 있었네

8. 위정척사 기념비를 보며

고산서원에 들렀다가 노사 선생이 주장하였던
숙원하신 바른 학문을 지키고 사특함을 막자는
위정척사 기념비를 보려고 가족들과 같이
선생의 묘역이 있는 곳까지 가서 묘 앞에
높이 세워진 기념탑을 우러러보면서
사유의 금석지간의 변화변상을 시류에 돌리고

당시의 상황은 성리학만이 가장 바른 학문이고
외세는 모두가 사특한 것으로 배척한 것만이 나라를
지키는 우국 충정으로 나라에 강력히 상소했는데
끝내 외세 침략을 막지 못하고 일본에 침략당하니
선생의 사손인 기우만 의병장이 되어 항전을 하였네
호국과 문화를 지키려는 일념 높이 평가한 위정척사

지금도 외세를 척결하지 못한 후유의 여파가
나라를 두 동강이로 만든 요인이 되고 있으며
원하지도 않는 분단 국가됨은 자주 없는 탓
위정자 무능함과 백성 우매함을 염려해서
바른 학문 지키고 외세를 철저히 다스려서
자주 호국하자는 선생의 의지 기념탑이 빛나고

위정척사 기념탑 바로 옆에 빙장 빙모님 산소 있어
조촐한 주과포 올려 가족들 성묘 드리고
나 또한 휠체어에 앉아 기도로써 인사 올렸네
돌아오는 길에 주막에 들러 가족들 점심을 들고
이번의 고향 나들이 아쉽지만 마감을 하고
고향 산천 뒤로 하고 귀경길을 서둘렀네

9. 쓸쓸한 셋째 누님 댁을 둘러보다

서울로 올라오는 귀갓길에 남원의 일언마을에 있는
오래된 남원 윤씨 종갓집 있어
지금은 누님 내외분 안계시지만
텅 빈 집으로 쓸쓸히 문 걸어 잠그고 문화재로 되어
보수는 되어 있지만 예전 구조가 아니고
자손들은 생계 따라 도시에 나가 있으니
집만 혼자서 유서 깊은 종가를 지키고 있었네

효녀로 이름난 우리 셋째 누님 윤씨 집으로 출가하여
칭칭시하 시부모님 받들고 종부 수발 다하시다
단명하여 어린 3남매 두고 일찍 세상 떠났으니
오호라 부모의 애절함 가슴에 묻고 가셨네
6남매 동재간 중 가장 효심이 지극했던 셋째 누님
우리 부모님 복이 부족해 일찍 황천길 떠났네

500년 묵은 고가(古家)의 종갓집 이름은 '동대' 집이라 했고
어릴 때 가 보면 대청마루에 하얀 앙금이 지워지지 않아
그 연유 물어보니 임진왜란 때 명나라 지원군이
진주하여 당나귀 맸던 흔적이라고 전하고
안채가 덩실하게 높고 사랑채가 낮은 구조였는데
지금은 문화재로 보수하면서 구조가 변화돼

셋째 누님댁 종갓집 중 고가인데 생질 조카 나이 들어
종갓집 보존하고 종손의 위치 굳건히 계승하였으면 보기에도
얼마나 좋을까 생각하지만 여건이 허락치 않아
환고향 못함이 전통과 현실의 괴리의 장벽으로 남아
집뒤 동산에 노송만이 절개 지키며 일편단심으로
집을 지키며 푸르게푸르게 종갓집을 바라보고 있었네.

10. 1박 2일의 아쉬운 나들이

마지막 별렀던 모처럼의 1박 2일의 나들이
가 보고 싶었던 그동안의 염원 풀고자
이번만은 우리 엄마 커나던 친정 동네 구경하고
정다산 귀양살이하던 초당도 보고 오려고 했는데
시간에 쫓겨 엄두도 못내고 북에는 소월이요 남에는 영랑이라
영랑 시인 생가 지척에 두고도 둘러보지 못한 아쉬운 나들이

보고 싶은 곳은 많고 시간에 쫓기는 나들이
모두가 다 욕속부달의 일정 때문에
여유 없고 융통성 없는 나들이 마음만 피곤하고
손자와 애들 지장 없게 토요일과 일요일 택하니
2박 3일의 일정을 1박 2일로 축소하게 되어
마음만 조급한 여행길 되었네

원래 볼 것을 차분하게 답사하려면
하루 한 곳이 적당한데 두 곳 세 곳 무리한 일정
그러나 여유 있는 여행 택하다가 하세월에도
거저 찾는 여행 불가능한 것보다는 낫다 싶어
부득이 단축 일정 잡아 나들이 떠나니
서운함과 아쉬운 생각 마음만 적시고 돌아와

하루 600km를 달리는 여행 어디서 쉬고 무엇을 보나
지방에 가는 여행은 오가는 길에서 소요시간
하루를 잡아야 하는데 여기까지 생각 못한 일정이
착오가 되어 계획했던 볼 곳도 못보고
어릴 때 뛰놀던 고향에 가서도 내려가 보지도
못하고 돌아서는 마음 아쉽기만 하였네

11. 자연과 인간

조석으로 동쪽 서쪽 노을이 붉게 물들어 있음은
해가 솟아오르고 해가 지는 것이 아니라
지구가 자전하는 모습을 신호로 보내는
반사광인데 아름답게 하늘과 바다를
물들여서 눈을 황홀하게 해 주는 자연에게
우리는 고마워하고 그 섭리에 경탄할 뿐이다

파랗고 밝은 하늘에 보이지 않았던 별들도
밤하늘에 태양등을 끄면 별들이 나와 반짝반짝
위치를 알려주니 땅이 자전하고 있음을 알고
지구상에 존재하는 동생물들 이에 순응하여
해가 뜨면 일하고 해가 지면 잠자고 쉬는
인간도 이 원칙대로 태양의 종이 되어 살아가고 있네

광활한 우주공간에서 내려다 본 지구는
미미한 별 하나에 지나지 않는데
그 안에서만 모든 동생물들 생존하고 있음은
자연의 도움 빌려 온갖 수단과 방법으로
살아 남겠다고 궁리를 모색하고 있는 현상은
자연이 가져다 준 적자생존의 법칙

하늘이 내려주신 생물들이기에
이 생명 이어가기 위해 혼신의 힘을 쏟아
나 또한 적자생존으로 내 힘 다하여 살아왔지만
결실은 이렇듯 미미한 현실이지만 분수에
맡기고 불만없이 안빈낙도로 살아감이
자연에 감사한 인간의 본분이 아니겠는가!

12. 하회마을을 구경하다

우리나라 유일한 민속촌 하회마을 구경하려고
딸집 갔다 오는 길에 안동에 들러서
하회마을 도착하니 때마침 비가 내렸지만
전국에서 모여든 관광버스가 혼잡을 이루고
휠체어에 우산 받쳐들고 구경 나서니
600년 전통마을 차분하게 볼 수도 없었네

풍산 류씨 씨족들 대대손손 자자일촌하여
6백 년 세월동안 기세 누리고 살아온 튼튼한 마을
류성룡 대감 생가도 이곳에 있어 고대광실 와가도
한마을에 100여 채가 즐비하게 들어서 있고
초가집도 2백여 채 옹기종기 유일한 민속마을
비가 와서 집집마다 볼 수는 없지만 보기 드문 마을

마을 3면을 낙동강 물이 돌아나가 하회마을 되고
뒤에 산이요 앞에는 넓은 들녘이 마을을 에싸워
천혜의 명당마을 조건 갖추니 임진왜란에도
보존되어 부귀영화 누리고 류성룡 대감 이곳에서
임진란을 조용히 회고하며 징비록을 집필하고
후세에 알리니 그 당시의 참상 가슴에 새기고

마을 전시관에 들르니 영국의 엘리자베스 여왕이
우리나라 방문했을 때 우리의 전통 민속촌인
이곳을 방문했을 때의 기념사진 크게 전시해 있었고
유네스코에 유일하게 등록된 한국의 하회마을 앞에서
아내와 같이 기념사진 찍고 돌아오는 길에
도산서원 들를까 했지만 비가 많이 와서 단념했네

13. 기나긴 나그네의 여로

무거운 짐 걸머메고 막막하고 기나긴 여정
외롭고 고달픈 나그네의 삭막한 길
비바람에 거친 파도 몰아 닥쳐도
네가 이기느냐 내가 질소냐 승부를 하며
모진 고개 넘고 넘어 힘들게 걸어가노라면
때로는 순풍에 돛을 달 때도 있는 것이 인생사

힘에 겨운 쓸쓸한 길 홀로 걸어 가노라면
무거운 짐 나누어지고 갈 동반자 나타나
협심협력 합해져 나그네 힘든 길 반감이 되고
머나먼 여정 용기를 얻어 무거운 수레의 여로
앞에서 끌고 뒤에서 밀어주니 달려온 인생길
희비애락의 고갯길 많기도 하여라 나그네의 일생

노자 없고 재주 없는 고달프고 험한 여로에
독자적으로 이겨내고 걸어가는 앞길에는
험난하고 심란한 가시밭길 장애물 많아도
둘이서 돌파할 지혜를 모색하고 찾아내어
기나긴 질곡의 터널을 빠져 나올 수 있고
밝은 세상 영광의 여로가 훤히 보이네

인생은 기나긴 여로의 나그네 시험장
빈몸으로 왔다가 빈몸으로 가도 해 볼 만한 모험장
도전하고 매진하면 월계관도 내가 쓸 수 있고
걸어가 볼만한 가치 있는 나그네의 여정
너도 나도 힘들다 낙심 말고 희망 걸고
걸어가 볼만한 가치 있는 나그네의 여로

14. 행복한 인생

행복이란 정의 내리기 여러 갈래지만
마음의 기준에서 얻어진 스스로의 공든 탑
누군가가 가져다 준 선물도 아니고
어디선가 사 올 수 있는 금은보석도 아닌데
행복은 자신만이 가질 특유 권한 가지고
정신이 살아 있는 모든 인간의 공유물인데

만고풍상 겪어보지 못한 사람은
인생의 비중과 맛도 알 수 없으니
쓰라린 고통 없는 삶이 행복인 것 같지만
초년에 희비의 비중 모르면 행복의 감각도 둔해
쓴맛을 알아야 다른 맛이 살아나고
산전수전 다 겪어야 행복의 길도 빨리 터득해

세상을 큰 포부 없이 살아가는 사람도
지나친 욕심 없어 생업에 열중하고
늙어서도 변함없이 안빈낙도 취함이
그것이 행복의 정의라 할 수 있고 아무리 고대광실
높은 집에 산해진미와 능라금수 둘러도
마음이 허락치 않으면 행복은 먼 나라 보물

사람의 욕심 욕구 줄여서 분수에 맞춰
성실하게 자기 하는 일 열심히 하면서
작은 보람 느끼며 흐뭇해 하는 만족이
현실의 희열이요 행복의 정의이지 분수 외의
이상(理想) 쟁취 못하면 눈물의 씨앗 되기 일쑤이니
분수 맞춰 소박한 삶도 행복의 정의라 하겠지

만청 양휘승 제2시집

아름다운 落照여

초판 발행 2012년 1월 16일

지은이 | 양 휘 승

펴낸이 | 윤 해 규

주 간 | 김 효 열

편집장 | 김 경 희

펴낸곳 | **을지출판공사**

등록번호 | 제 2-741호

등록일자 | 1985년 2월 14일

주 소 | 서울시 마포구 양화로6길 27-5(서교동) 301호

우편번호 | 121-840

전 화 | 02) 334-4050 · 4090

팩시밀리 | 02) 334-4010

E-mail : ejp4050@hanmail.net

값 20,000원

* 잘못된 책은 바꿔 드립니다.

ISBN 978-89-7566-133-4 03810